ANTES DEL
# PRIMER LATIDO

"MI EMBRIÓN VIERON TUS OJOS"

**JOHANNA GONZÁLEZ**

Derecho de autor 2025 por Johanna González Cruz
*Antes del primer latido*

Impreso en los Estados Unidos de América
ISBN: 979-8-3507-4798-0
Primera Edición

Todos los derechos reservados. Ninguna porción de este libro podrá ser reproducida, procesada o almacenada en algún sistema de recuperación, ni transmitida en cualquier forma o por cualquier medio mecánico, fotocopias, grabación u otro; excepto por citas breves en reseñas, sin previa autorización escrita de la autora. A menos que se indique lo contrario, todos los textos bíblicos han sido tomados de: Santa Biblia, Versión Reina Valera 1960, 1960 por la Sociedad Bíblica en América Latina. Nueva Versión Internacional, 1999 por la Sociedad Bíblica Internacional. Versión Dios Habla Hoy, 1996 por Sociedad Bíblica Internacional. Nueva Traducción Viviente, 2010 por editorial Tyndale House Foundation.

Portada, edición y maquetación: Blessed Books Creations
Facebook.com/ Blessed Books Creations
Email: blessedbookscreations@gmail.com

Síguenos en Facebook: Johanna González Cruz
Instagram: joha.glez


Clasificación: Crecimiento Espiritual/ Sanidad interior

# Dedicatoria

Al Espíritu Santo, mi más profundo y eterno Consolador. Él es la llama que avivó mi corazón, el viento que me ha impulsado hacia lo imposible. A Él, que me ha enseñado que la debilidad es donde se revela Su poder, quien en mi fracaso me encontró, me levantó y me mostró el camino hacia la verdadera libertad. Este libro es un testimonio de Su gracia transformadora. Sin Él, no habría palabra que escribir ni propósito que cumplir. A Él, gracias, por ser la persona que me lleva más allá de lo que mis ojos pueden ver.

A mi madre, que vivió bajo el peso de un mundo que a menudo no entendía su dolor, pero que a pesar de todo, fue capaz de dar lo mejor de sí. En cada paso, aunque no siempre lo supe entender, hizo lo que pudo con lo que tuvo. Sus días estuvieron llenos de luchas que muchos nunca llegaron a ver, pero, aun así, su corazón no dejó de ser un refugio de amor. Aunque las circunstancias a veces la aplastaron y las decisiones que tomó fueron muchas veces silenciosas, siempre existió en ella un anhelo profundo de que nosotros, sus hijos, tuviéramos lo mejor. No fue una vida sencilla, ahora lo comprendo, y las huellas del sufrimiento que llevó nunca pudieron borrarse. A su manera aprendí el valor de la perseverancia aun cuando perseveramos en lo incierto.

Ahora que ya no está es cuando más comprendo la magnitud de su amor. Las palabras que calló en vida ahora resuenan en mi corazón enseñándome aún más sobre el verdadero significado del sacrificio. Este libro que ahora llevas en tus manos es un homenaje a lo que fue, a lo que me dio sin palabras, pero con actos de amor inquebrantable. Fue un honor ser su hija.

A ustedes, mis lectores, les ofrezco lo que soy, lo que fui, y lo que Dios ha hecho de mí. Porque este libro no es solo mío, sino de todos aquellos que, como yo, han tocado el abismo de la desesperación y se han levantado con la luz de la esperanza y a los que sé que a través de él se levantarán en su mayor expresión.

# Prólogo

Este libro nace de la convicción que me ha regalado la fe de que somos seres creados con propósitos. Y aunque las huellas del dolor y las dificultades del pasado nos marquen, siempre hay esperanza en la vida de Cristo. Durante muchos años, me vi arrastrando carencias emocionales, pérdidas y vacíos que parecía que nunca sanarían. A través de las páginas de este libro, deseo compartir mi viaje de sanidad, restauración y, sobre todo, de encuentro con un amor transformador.

Mi vida, aunque marcada por situaciones difíciles, se convirtió en testimonio de que Dios no abandona, no rechaza, ni olvida. Su amor es la única fuente capaz de sanar las heridas más profundas, y en Él podemos hallar libertad, aun en las circunstancias más oscuras.

Este libro está destinado a aquellos que, como yo en un momento determinado, han sentido que su vida no tiene propósito, que las dificultades de la vida no les dan espacio para soñar. Mi mayor anhelo es que, al leer estas páginas, experimenten el amor de Dios en una forma profunda y personal, y que, al igual que yo, puedan empezar a caminar hacia la restauración de sus almas. La libertad que buscamos no está en las circunstancias externas, sino en el encuentro con Su Presencia.

# Contenido

Dedicatoria — iii

Prólogo — v

Introducción — ix

Capítulo 1
La belleza embrionaria — 17

Capítulo 2
La creación — 27

Capítulo 3
En la oscuridad de un vientre — 37

Capítulo 4
La decepción de nacer — 45

Capítulo 5
Tú eres el Dios que me ve — 55

Capítulo 6
Viajando atrás — 65

Capítulo 7
El despliegue de tu destino — 75

Capítulo 8
Nuestros criterios son oponentes     85

Capítulo 9
Vendar nuestras heridas no es opcional     97

Capítulo 10
Carentes de paternidad     107

Capítulo 11
Enredados en una telaraña     117

Capítulo 12
Arropados por Su presencia     127

Capítulo 13
De la oscuridad a la luz: mi historia es sus manos     137

Epílogo     147

# Introducción

Cuando uno se enfrenta a la oscuridad, a la desesperación y al abandono, puede llegar a pensar que no hay salida y que el dolor es nuestra única realidad. Este libro no es solo una recopilación de palabras, sino un testimonio vivo de que incluso cuando la vida nos arrebata todo, hay un Dios que nos sostiene. Un Dios que ha planeado nuestras vidas desde antes de la fundación del mundo, y que nos conoce en lo más profundo de nuestro ser, incluso en los momentos en los que nos sentimos perdidos.

En estas páginas, hablaré de la restauración, pero mayor aún, del poder inquebrantable del amor de Dios. De como la sanidad no solo viene del reconocimiento de nuestras heridas, sino también de la aceptación de un amor que en su perfección nos abraza tal y como somos, con nuestras imperfecciones y carencias, pero que se encarga de no dejarnos como nos encontró. Porque al final del día, todos nacimos con un propósito divino, y aunque la vida puede habernos desviado del camino, nunca estamos demasiado lejos para ser encontrados y restaurados.

A través de los capítulos de este libro, quiero que descubras la verdad que Dios ha declarado sobre tu vida: que eres amado, que eres elegido y que tu propósito sigue intacto, esperando a ser revelado. Este libro no es solo para aquellos que han vivido en circunstancias difíciles, sino para todos los que necesitan recordar que, aunque estemos rodeados de sombras, siempre hay una luz que nos guía hacia la libertad.

Este es un viaje hacia la restauración, un viaje hacia la verdad que nos hace libres. Estoy convencida de que, después de leer estas palabras, serás capaz de soltar lo que te ha atado y caminar en la libertad que solo el amor de Dios puede dar.

# Sus atributos

## Omnisciencia

La omnisciencia es el conocimiento de todas las cosas reales y posibles, esta es un atributo exclusivo de Dios. Él, en Su omnisciencia, tiene un perfecto conocimiento de todas las cosas que acontecen bajo el sol. Conoce nuestros pensamientos, emociones, intenciones y deseos, antes de que sean expresados en palabras. Él conoce tu sentir en el ahora, justo ahora. Todo lo que somos está expuesto ante Su presencia y conocimiento. Fuimos conocidos en Él antes de ser creados y de que el mundo fuese materializado. Diseñados en Su corazón para vivir y ser bendecidos sobre esta tierra como Sus hijos y miembros de Su familia gozando de Su paternidad. A ese diseño le precede un maravilloso propósito donde el Omnisciente quiere que seas el protagonista. La omnisciencia es el océano más profundo donde encontrarás todas las respuestas.

## Omnipresencia

La omnipresencia es la presencia intencional, otro atributo exclusivo de Dios. Nadie puede escapar de tal conocimiento o alejarse de Su presencia porque Él está en todo lugar. Esto no depende de si creemos o no sus leyes preestablecidas. Dios es el Señor de la historia humana y del destino de este planeta y todo se cumplirá conforme a lo que está escrito. Él es el autor de la vida, nos formó y entretejió en el vientre materno y desde allí le conocimos. Él formó nuestras entrañas y órganos, le dio vida a nuestras emociones e impulsos instintivos hasta darle forma a nuestra estructura ósea. Todos nuestros días y acciones futuras estaban registradas en Él. La omnipresencia no se trata de abarcarlo todo, sino de ser parte esencial de todo lo que existe.

## Omnipotencia

La omnipotencia es que tiene todo poder, atributo exclusivo de Dios. En Su poder y amor están provistas y previstas todas nuestras circunstancias. Él las ha ordenado de tal forma que, si permanecemos en Su amor, todas las cosas ayudarán a bien para el cumplimiento de Su maravilloso propósito en nuestras vidas. Son las obras preparadas de antemano, para que caminemos en ellas. Su poder lo puede todo, y por eso, Sus obras son innumerables y cada día se renuevan Sus misericordias sobre esta tierra con el propósito de alcanzarnos y atraernos a Su amor. Pudiéramos experimentar cualquier poder aquí en la tierra, por ejemplo: la caída de una gran roca y detrás los estragos de tal desprendimiento, pero ninguno podrá igualarse al poder creador, libertador, sanador y transformador de Dios. Ser omnipotente no significa dominarlo todo, sino tener la sabiduría de usar ese poder solo cuando sea necesario.

### Salmo 139

*"Señor, tú me sondeas y me conoces, tú sabes si me siento o me levanto, de lejos, conoces mis pensamientos. Distingues si camino o reposo, todas mis sendas te son familiares. No está aún la palabra en mi lengua y tú, Señor, la conoces bien. Me rodeas por delante y por detrás, posas tu mano sobre mí. Me supera este saber admirable, tan elevado que no puedo entenderlo. ¿A dónde iré lejos de tu Espíritu? ¿A dónde huiré*

*de tu presencia? Si subo al cielo, allí estás tú; si bajo al reino de los muertos, estás allí; si me elevo en las alas de la aurora y me instalo en el confín del mar, también allí me guía tu mano, tu diestra me controla. Si digo: "Que me cubra la tiniebla, que la luz se haga noche en torno a mí", tampoco para ti es oscura la tiniebla; la noche es luminosa como el día, pues como la luz, así es para ti la oscuridad. Tú creaste mis entrañas, en el seno de mi madre me tejiste. Te alabo, pues me asombran tus portentos, son tus obras prodigiosas: lo sé bien. Tú nada desconocías de mí, que fui creado en lo oculto, tejido en los abismos de la tierra. Veían tus ojos cómo me formaba, en tu libro estaba todo escrito; estaban ya trazados mis días cuando aún no existía ni uno de ellos. ¡Qué profundos me son tus pensamientos, Dios mío, qué numerosos todos juntos! Los contaría, pero son más que la arena; yo me despierto y tú sigues conmigo. Dios mío, ¡ojalá abatieras al malvado! Que los sanguinarios se alejen de mí: esos enemigos que te injurian, que juran en falso contra ti. Señor, ¿no voy a odiar a quienes te odian?, ¿no voy a aborrecer a tus enemigos? Yo los odio intensamente, ellos son mis adversarios. Sondéame, oh Dios, conoce mi corazón, pruébame, penetra mis pensamientos; mira si me conduzco mal y guíame por el camino eterno".*

Él es Dios y nosotros Su creación: ¿No es maravilloso? A veces, pasamos nuestra vida buscando un propósito sin saber que este ya ha sido sembrado en nosotros desde el principio. Cuando el Salmo 139 dice que fuimos creados en lo más profundo del vientre, no solo se refiere a nuestra existencia física, sino a ese propósito único que Dios puso en nosotros incluso antes de que abriéramos los ojos al mundo. Es fácil perder de vista esa verdad cuando las circunstancias de la vida parecen definirnos. Pero tu valor no está en lo que has vivido, sino en lo que Dios ha planeado para ti desde el principio.

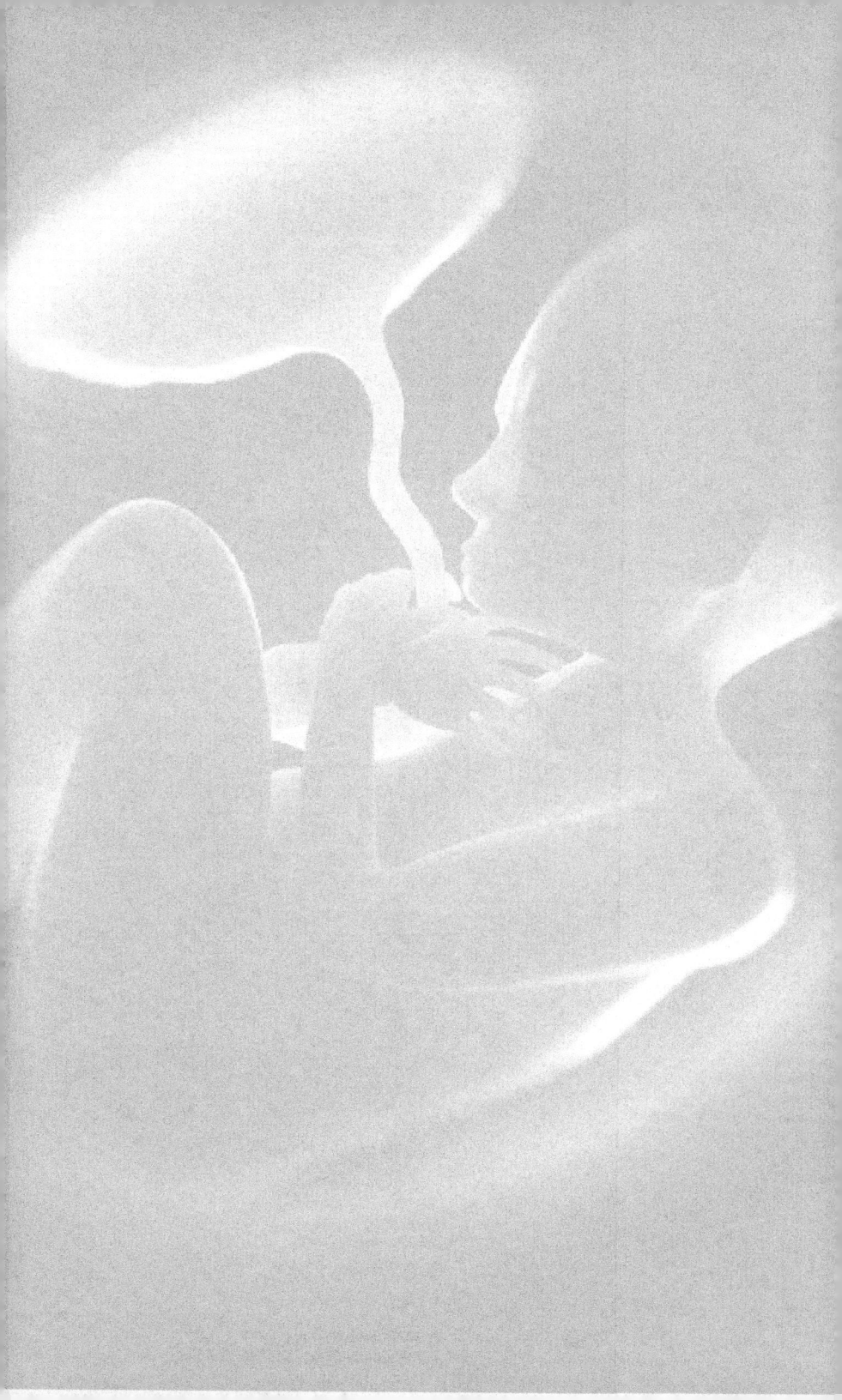

# Capítulo 1
# La belleza embrionaria

La frase "mi embrión vieron tus ojos" despierta una reflexión profunda sobre el concepto de la vida, la humanidad y la conexión divina desde el momento mismo de la concepción. Es una expresión cargada de poesía y trascendencia, que subraya la idea de que nuestra existencia, aunque en sus primeras etapas aún invisibles para los ojos humanos, ya es conocida y amada por Dios. Esta declaración, que podría resonar tanto en contextos religiosos como filosóficos, nos hace una particular invitación a cuestionarnos sobre la naturaleza de la vida y el sentido de nuestra existencia desde sus inicios más humildes. Sí, humilde, así fue la expresión máxima del amor de Dios.

En primer lugar, la frase sugiere una visión de la vida que no comienza con el nacimiento, sino mucho antes en las primeras etapas del desarrollo embrionario. La noción de que "tus ojos" (en este caso los ojos de Dios) ya nos ven desde el momento en que somos solo un conjunto de células en formación, nos da una perspectiva radicalmente diferente sobre el origen de la vida.

La existencia humana no es el resultado de un proceso al azar o biológico, sino que está impregnada de un propósito divino. En este sentido, la frase puede ser interpretada como una afirmación de la santidad y el valor inherente de la vida humana desde sus orígenes más tempranos, incluso antes de que el embrión sea percibido por los ojos humanos.

Por otro lado, el concepto de "mi embrión vieron tus ojos", también nos invita a reflexionar sobre la relación intrínseca entre el ser humano y el Creador. La vida no solo es un "fenómeno biológico", sino también una experiencia espiritual que nos conecta con alguien superior. En este sentido, el ser humano no es solo una criatura que llega a ser, sino un ser que es conocido y amado desde antes de su nacimiento.

La conciencia de esta mirada divina sobre nuestra existencia nos puede llevar a una mayor humildad, gratitud y responsabilidad en nuestro trato con la vida humana. La vida en todas sus etapas es un don que proviene de una fuente trascendente. Reconocer esto nos impulsa a vivir de manera más respetuosa y compasiva hacia los demás.

Finalmente, la frase también nos invita a reflexionar sobre la belleza y el misterio de la vida misma. La vida no comienza en el momento del nacimiento, sino que tiene una continuidad que se extiende a través del tiempo, más allá de las fronteras de lo visible y lo tangible. La imagen del "embrión" visto por los ojos divinos nos conecta con una visión más amplia del ser humano donde cada vida es única e irrepetible, pero al mismo tiempo parte de un todo mayor en un eterno flujo de creación y amor. En esta visión, nuestra existencia, aunque a menudo frágil y vulnerable, es digna de ser celebrada y sobre todo protegida, pues está impregnada de un propósito divino que va más allá de nuestra comprensión.

## Un momento de reflexión

Permíteme compartirte lo que para mí es una descripción gráfica del interior de un vientre que carga un embrión. Imagino y te invito a imaginar un fondo que está lleno de estrellas, pero en primer plano, una pequeña figura que tiene movimientos muy sutiles y que a la medida que pasa el tiempo comienza a tomar forma, a su vez, se encuentra dentro de un mar llamado líquido amniótico que le rodea creando un espacio suave, cálido y seguro mientras que un cordón umbilical le entrelaza con quien es su mamá.

Un embrión no se crea en cualquier parte del cuerpo, sino en un amplio y tranquilo espacio donde la oscuridad se ilumina suavemente por la luz de un sol distante. En el centro, flota un pequeño embrión, representado de manera delicada, casi translúcida, como si estuviera envuelto en una luz suave y cálida. Este embrión, aunque frágil y pequeño, emite una resplandeciente energía que lo conecta con algo mucho más grande que él mismo, con su Creador.

De allí con un silbido apacible y un proceso fascinante, encontramos un corazón que comienza a palpitar suavemente simbolizando la vida y el amor que emana de la creación, reafirmando la idea que, desde el mismo momento de la concepción, el embrión está envuelto en la mirada de lo divino. Cada vida es un reflejo de la presencia de Dios en el mundo. ¡Qué maravillosas son todas tus obras, oh, Dios!

## Los inicios de una historia

Desde la profundidad que no tiene lenguaje, desde el lugar más secreto donde se tejen los huesos y despiertan los destinos, mi alma ya sentía lo que mis labios aún no podían pronunciar.

Desde la oscuridad del vientre yo lloraba sin saber por qué. Nadie me dijo que no era bienvenida. No hubo una voz que me lo gritara. Pero el silencio pesaba más que los gritos. El ambiente donde fui concebida era un terreno minado por el dolor, marcado por la violencia y la desconexión emocional. Mi madre, una mujer marcada por el maltrato y por una historia no sanada, me sostuvo en su vientre con lo que pudo, pero no con lo que necesitaba.

Mi espíritu, tan sensible desde el principio, detectó que la vida no sería un regalo, sino una batalla. Y sí, aunque no lo entendía, ya en el vientre libraba una guerra espiritual. No por lo que había hecho, sino por lo que algún día haría. No por lo que era, sino por lo que portaba. El infierno sabía que mi voz sería usada para libertad, y quiso callarme antes de que pudiera respirar. No fui planeada por humanos, pero sí deseada por el cielo. Mi existencia no fue producto de un error, sino de una elección divina. Sin embargo, crecer bajo un hogar disfuncional, donde el amor no era refugio, sino confusión, comenzó a moldear en mí la creencia de que vivir era un castigo, no un privilegio.

Hoy puedo mirar atrás y entender que no lloraba porque no quería vivir, lloraba porque mi espíritu anhelaba una vida distinta. Lloraba por un abrazo que no llegaba, por una bienvenida que no existió, por un "te espero" que nunca escuché. Pero, aunque la tierra no me esperaba el cielo me miraba. Y desde ese vientre oscuro, Sus ojos ya veían mi embrión. No lo sabía entonces, pero fui deseada por Él. Y eso es suficiente.

Hay memorias que no están en la mente, pero que la eternidad se encarga de guardar. Y mientras mis dedos escriben estas líneas, puedo sentir que algo más está a punto de ser revelado. Como si cada palabra despertara ecos dormidos, esperando este preciso momento. Como si cada herida no contada estuviera diciendo: Prepárate lo que viene no es para herirte, sino para liberar. Este no es el final del capítulo. Este es el umbral de una revelación. Porque lo que está por contarse no solo sacudió mi historia, puede que también, si te atreves y lo permites, sacuda la tuya.

**Espacio para que escuches lo que Dios quiere sanar en ti**

A través de este capítulo, quizás descubriste emociones que habías guardado por años. Tal vez reconociste heridas que nacieron incluso antes de que pudieras entenderlas. Este es un momento sagrado: el Espíritu Santo quiere revelarte cómo te ha visto desde siempre, incluso en la oscuridad del vientre.

Detente un momento. Respira.

Ora: Señor, abre mis ojos para ver lo que Tú ves en mí.

**Preguntas para reflexionar:**

1. ¿Qué sentimientos surgieron en ti al leer este capítulo?
_____
_____
_____
_____

2. ¿Has creído alguna vez que no eras deseado o que tu vida no tenía valor? ¿Qué verdad de Dios viene hoy a reemplazar esa mentira?
_____
_____
_____
_____

3. ¿Cómo crees que la atmósfera emocional del vientre o de tu infancia afectó tu forma de verte?
_____
_____
_____
_____

4. El Salmo 139 dice que Dios te vio y te formó aún en lo oculto. ¿Qué significa para ti saber que fuiste visto y amado desde antes de nacer?
_____
_____
_____
_____

5. Si pudieras escribirle una carta a tu niño o niña interior que fuiste, ¿qué palabras de amor y verdad le dirías hoy? Puedes comenzar con "Querido yo". Sé completamente sincero con lo que sientes.
_____
_____
_____
_____

**Notas del alma:** Escribe lo que el Espíritu Santo te muestre, una oración, una promesa o una frase que quieras guardar en tu corazón.
_____
_____
_____
_____
_____
_____

### Oración final

Señor, gracias porque me viste en la oscuridad del vientre. Gracias porque nunca fui un error. Tú me escogiste, me formaste, y escribiste mis días en Tu libro. Hoy abrazo la verdad de que fui deseado por Ti, amado desde la eternidad, y traído a la vida con un propósito divino. Amén.

### Versículo para meditar

*"Mi embrión vieron tus ojos, y en tu libro estaban escritas todas aquellas cosas que fueron luego formadas, sin faltar una de ellas"* Salmo 139:16.

## Capítulo 2
## La creación

En el Salmo 139, David describe a Dios cuando formaba su pequeño cuerpo en la oscuridad del vientre de su madre. La existencia de David para su familia no era nada por lo que ellos pudieran maravillarse, pero desde el vientre él había entendido que había alguien para el cual sería una obra maestra, su Creador.

David, un hombre tras el corazón de Dios, fue profundamente consciente de la presencia divina en cada aspecto de su vida. Al leer este Salmo, podemos ver cómo David, en su oración, no solo revela su conocimiento de Dios, sino que también refleja las experiencias que vivió a lo largo de su vida, desde sus humildes orígenes.

Él no fue un rey nacido en palacio, ni hijo de una familia poderosa. Su historia comenzó en Belén, siendo el hijo menor de Isaí. En su tiempo, ser el hijo menor no implicaba ser considerado el heredero del trono o una figura relevante dentro de la familia. Los hijos mayores eran los que recibían la atención y los que esperaban cumplir el propósito de Dios en la familia. Sin embargo, para David, la historia sería distinta.

Desde el vientre, David experimentó el amor inigualable de Dios. El Señor lo amaba antes de que él fuera manifestado en el mundo natural, pues ya había sido pensado, deseado y anhelado en el mundo espiritual. Muchos años después de vivir diversas circunstancias adversas a su propósito pudo exclamar para que así quedara escrito: "¡Mi embrión vieron Tus ojos y en Tu libro estaban escritas todas aquellas cosas que fueron luego formadas sin faltar una de ellas!" Esto, sin duda alguna, fue uno de los momentos de mayor profundidad en la vida del salmista David quien fue y sigue siendo recordado como un hombre conforme al corazón de Dios.

Dios diseñó a David y lo hizo existir según el plan que había predestinado desde la eternidad. De esta premisa pudieran desencadenarse preguntas como: ¿será posible que Dios entonces había ideado que David fuera adúltero y asesino? Hay una sola respuesta a esta pregunta, ¡NO! Al igual que con nosotros, hay demasiadas historias que están totalmente desligadas del propósito de Dios, más no así de las consecuencias de nuestros actos. Muchos capítulos que se escribieron de él, terrenalmente hablando, no están en la frase que exclamó en cierto momento: "En Tu libro estaban escritas todas aquellas cosas". En este Salmo, el escritor empleó la curiosa metáfora de un diario donde el Señor escribió Su plan y luego lo materializó mediante la obra de Sus manos llevada a cabo en un vientre. Por esta razón, David pudo exclamar: "Mi embrión vieron tus ojos".

Dicho de otro modo, el amor del Padre celestial formó a David y lo convirtió en una creación única. Fue el producto del corazón y de la mano creadora de Dios. Esta misma verdad se aplica a todos. Cada ser humano es una "edición especial". Pero sin duda alguna demasiados capítulos nuestros no forman parte de la historia de Dios para con nosotros. Ante esta realidad, debemos tener una actitud en favor de la vida en el sentido más puro que pueda existir y podamos expresar.

Debemos respetar y valorar la vida de todo ser humano, sin acepciones. Los que están por nacer en el vientre de la madre, los nacidos, o en los planes de alguien que espera poder cargar en su vientre. A los jóvenes, adultos y los ancianos ya cansados y a aquellos que por algún motivo escogieron vivir la vida a su manera considerando que cada persona es una creación exclusiva del Soberano Dios. No obstante, cada uno tiene injertado en sí algo llamado "libre albedrío", el cual una vez ejercido, en o fuera de la voluntad de Dios, nos acercará o nos alejará de ver el cumplimiento del propósito divino en nuestras vidas. Junto con David, exclamemos: *"Te alabaré; porque formidables, maravillosas son Tus obras" (Salmos 139:14).*

### Un momento de oración

Padre y Dios nuestro, he escuchado hablar de ti, también he escuchado hablar de grandes hombres y mujeres que quedaron registrados en la Palabra y aún fuera de ella, ahora conscientemente te pido que por favor me ayudes a que mi anhelo gire en torno a poder conocer y conectar con todo lo que desconozco de mí y lo que han o he tergiversado del propósito que tienes mi vida. Permíteme, por amor de Tu nombre poder exclamar a viva voz: "¡Mi embrión vieron tus ojos!"

### Cuando el alma se vuelve un vertedero

En cada ciudad y en cada pueblo, hay terrenos que alguna vez fueron limpios. Eran espacios abiertos con tierra fértil y llenos de potencial para algo hermoso. Sin embargo, un día, alguien decidió que ese terreno sería el vertedero del pueblo. Poco a poco, comenzaron a arrojar desechos, desperdicios y cosas que nadie quería o inservibles. Con el tiempo, lo que antes era tierra firme y limpia se convirtió en un lugar de mal olor, contaminación y muerte.

Así pasa con muchas de nuestras vidas. Nacemos con un propósito, con una esencia y con un futuro diseñado por Dios. Pero, sin darnos cuenta, en el camino otros comienzan a arrojar basura sobre nosotros: palabras hirientes, desprecio, rechazo y abuso. Y no solo es lo que nos echan encima, sino lo que nosotros mismos empezamos a aceptar como nuestra identidad. Creemos que somos un basurero, un lugar donde solo hay desperdicios del pasado, donde el dolor y la vergüenza se acumulan hasta que perdemos nuestra verdadera esencia. Pero hay esperanza. Dios no creó los corazones humanos para que fuesen vertederos. Él nos diseñó como tierra fértil, como jardines donde Su gloria puede florecer. Él es experto en restaurar lo que parece perdido. Donde el mundo ve un basurero, Dios ve tierra lista para ser limpiada, restaurada y convertida en un huerto fructífero.

Tal vez has sentido que tu vida ha sido un depósito de desechos, que solo has recibido dolor y miseria. Pero hoy, el Señor te dice: *"Yo hago nuevas todas las cosas" (Apocalipsis 21:5).* Él quiere limpiar lo que otros ensuciaron, sacar lo que nunca debió estar en ti y plantar Sus semillas de propósito, sanidad y restauración. No fuiste creado para ser un vertedero, sino para ser un jardín en el que la gloria de Dios habite.

Hubo un día en que nací, pero no fui recibida. Aunque hubo brazos en aquel hospital que me sostuvieron, el mundo no se detuvo a contemplarme. No hubo alegría adornando los rincones, ni abrazos ansiosos celebrando mi llegada. Mi llegada fue un suspiro contenido, un silencio que no quería ser interrumpido por llantos nuevos. Nací entre ausencias. Entre lo que debería haber sido, pero no fue.

Crecí en un hogar donde el techo pesaba más que el suelo, donde las palabras eran cuchillos y los días se rompían como platos en la cocina. Donde el amor era escaso y el miedo siempre puntual. Fui sembrada en una tierra que no sabía cómo acoger semilla. Y, sin embargo, germiné. Crecer en una tierra agrietada enseña a callar. A sobrevivir antes que a vivir. A sospechar del cariño y desconfiar de la luz. No había nadie que me dijera que yo valía más que el entorno que me envolvía. Nadie que pudiera traducirme lo que dolía, porque ni siquiera yo sabía ponerle nombre. Solo sabía que dolía.

Era pequeña, pero no jugaba con muñecas: jugaba a esconder mis pensamientos. No hablaba en voz alta: hablaba con mis adentros. Y aunque aún no entendía muchas cosas, ya conocía el lenguaje del silencio que grita. Ya sabía cuándo el peligro venía disfrazado de confianza. Era una niña, pero cargaba preguntas viejas. Tenía vida, pero me costaba creer que era un regalo. Tenía sueños, pero todos dormían debajo de la almohada, asustados. En aquel entorno donde la inocencia debió florecer, hubo algo que se marchitó sin que nadie lo notara. Desde entonces, la niña que fui comenzó a construir paredes. Paredes invisibles, pero altas. Porque a veces no necesitas barrotes para sentirte encarcelada.

Hoy lo sé hay demasiados chiquitos que han aprendido a vivir detrás del telón, sin escenario, sin aplausos, sin redención. Y si estás leyendo esto con un nudo en la garganta, probablemente tú también lo sabes. Pero aún no termina la historia. Este capítulo no es un cierre: es una antesala para entrar a la sala de operación del mejor doctor que puede y quiere proveerte un nuevo corazón. Aunque nací entre ruinas, mi origen no dictó mi destino. Y aunque no fui esperada por la tierra, fui soñada por el cielo. Hay más por contar. Mucho más, porque donde el infierno intentó escribir punto final, Dios solo estaba comenzando el prólogo.

**Espacio para escuchar lo que Dios quiere sanar en ti**

Tal vez naciste en medio de lágrimas, rechazo o silencio. Quizás creciste sintiendo que tu llegada no fue celebrada. Pero hoy el Padre quiere recordarte que fuiste deseado por Él antes de los tiempos, y que ningún escenario humano anuló Su propósito eterno.

Cierra tus ojos. Respira profundo.
Ora: "Padre, muéstrame la verdad de mi origen desde tu mirada de amor."

**Preguntas para reflexionar:**

1. ¿Qué sentimientos te provoca pensar en el momento de tu nacimiento o en cómo fuiste recibido al llegar al mundo?

_____
_____
_____
_____

2. ¿Qué frases o actitudes de otros marcaron tu percepción de ti mismo? ¿Qué palabras de Dios vienen hoy a reemplazar esas heridas?

_____
_____
_____
_____

3. ¿Alguna vez has sentido que tu vida no tenía sentido o que no debiste haber nacido? ¿Qué crees que Dios quiere revelarte sobre el propósito de tu existencia?

_____
_____
_____
_____

4. ¿Cómo cambia tu corazón al saber que no naciste por casualidad, sino porque el Creador escribió tus días antes de que existieras?

_____
_____
_____
_____

5. Escribe una declaración de vida desde la verdad de Dios. Por ejemplo: "Yo nací con propósito, fui deseado y soy amado por el Padre".

_____
_____
_____
_____

**Notas del alma:** Anota pensamientos, oraciones, promesas o frases que el Espíritu Santo te revele en este momento.

_____
_____
_____
_____
_____
_____
_____

### Oración final

Padre amado, hoy renuncio a toda mentira que haya querido decirme que mi vida fue un error. Gracias porque Tú me soñaste desde la eternidad, me formaste con Tus manos y me diste un propósito glorioso. Aunque mi llegada no haya sido celebrada por hombres, fue anunciada en el cielo.

Hoy elijo vivir como hijo amado, porque Tú, mi Dios, quisiste que yo naciera. Amén

### Versículo para meditar

*"Antes que te formase en el vientre te conocí, y antes que nacieses te santifiqué" Jeremías 1:5.*

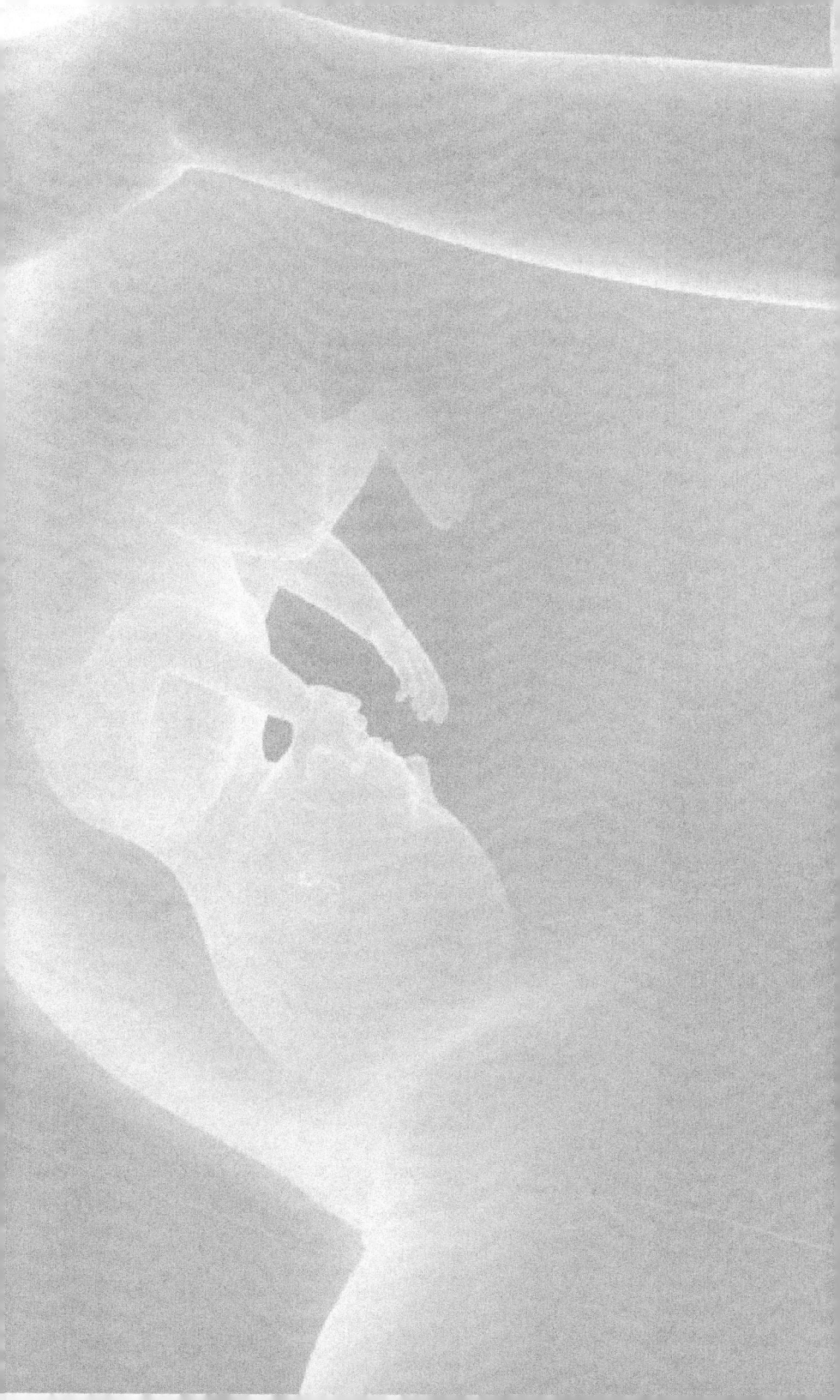

## Capítulo 3
## En la oscuridad de un vientre

Alguna vez te has detenido a pensar en cómo fuiste creado? ¿Quizás sí, quizás no. Tal vez no te has preguntado, pero es posible que alguien te obsequió fotos o te comunicó detalles pasajeros. Qué tal si tomas unos segundos y analizas qué fue de tu vida antes de nacer. Cada ser humano tiene un ciclo vital que se divide en diferentes etapas del desarrollo. Uno de los más importantes es en el vientre. Cada adulto tiene un niño en su interior que en ocasiones clama para que alguien le traiga paz y para sanar traumas que otros causaron en él, mientras que el adulto donde está escondido prosigue. ¿Estás ahí?

Antes de haber sido expuestos a la luz del mundo, fuimos expuestos a la oscuridad del vientre de mamá, pero alumbrados y sustentados con una gran realidad: el amor genuino y perfecto de nuestro Creador y Padre, Dios. ¡Qué maravillosas son Tus obras! En cada una de estas etapas, somos expuestos a diversas circunstancias que nos marcarán ya sea para bien o para mal. Es fácil seguir repitiendo los patrones de dolor con los que crecimos, creer que no hay salida, que estamos destinados a vivir bajo la sombra de nuestro pasado. Pero no es verdad. Partiendo desde sí fuimos deseados por papá y mamá, planeados o no, es menester alinearnos a la luz que nos brinda la poderosa, viva y eficaz palabra de Dios. A partir de allí nuestro espíritu se expone y choca con una contundente verdad, fuimos deseados, planeados y materializados en Dios, en Él no hubo ni habrá errores, mucho menos sombra de variación; entonces nunca fuiste un desliz ni error de nadie en lo absoluto, fuiste creado por el Dios que lo hace con propósito.

Te invito a que vuelvas en el espíritu al vientre de tu mamá por un instante y digas a gran voz: ¡Mi embrión vieron tus ojos! Comienza a dar por sentado que cada uno de tus días estaban escritos, más no así todo lo vivido en contrariedad al propósito de Dios para tu vida. La mayor parte de la historia que hemos desarrollado por nuestra voluntad no va de acuerdo con lo que está escrito en el libro de la vida y que fue desarrollado por Dios, así como aconteció en la vida de David. Cada día se ha convertido en parte de una historia contada y las que no, se están por contar. Hagamos posible que lo que está por contarse vaya de acuerdo con la voluntad de Dios. Él nos ha dado la capacidad para caminar en y por un propósito.

Él me vio antes de que yo supiera lo que era ser mirada con ternura. Me reconoció cuando ni siquiera yo podía nombrar quién era. Su mirada me sostuvo cuando mis ojos aún no sabían a dónde mirar sin llorar. Él estaba allí, silencioso, persistente y fiel. Como un testigo eterno de mis días sin nombre. Como una promesa que no se borra, aunque vivas en el olvido. A veces me pregunto: ¿por qué no lo encontré antes? Y la respuesta siempre llega clara: no porque Él no estuviera, sino porque yo no sabía que podía buscar a alguien distinto a los demás. Pero Él sí me encontró. Me halló en el eco de mis pensamientos vacíos, en los silencios que nadie escuchaba, en los lugares donde solo el alma se atreve a llorar. Me rodeó sin que lo supiera. Me cubrió sin que lo entendiera. Me llamó sin que pudiera oír Su voz todavía.

No irrumpió. Esperó como solo el amor verdadero sabe esperar: sin prisa, sin presión, sin reproche. Sabía que mis ojos aún no estaban listos para encontrarse con los Suyos, pero Él jamás apartó Su mirada de mí. Aunque yo desconociera que me miraba, Él estaba presente. Años después comprendí que nunca estuve sola. En cada esquina donde quise desaparecer, había una luz escondida, diminuta, pero invencible. Mientras yo huía, Él me seguía con amor. Porque el Dios que ve no vigila para juzgar, acompaña. No acusa, espera. No invade, aporta espacios y redime. Aunque tardé años en reconocer Su presencia, Él jamás me soltó. Él estaba formando el cimiento de mi vida mucho antes de que yo entendiera. Y hoy sé que esa mirada silenciosa fue el primer abrazo que recibí, aunque mis manos aún no pudieran tocarlo.

### Un momento de reflexión

Podríamos estar asociando la oscuridad con algo desconocido y temeroso, pero si de algo estoy convencida es que en la oscuridad nuestros sentidos pueden enmudecer y de esta manera llegan a nuestras vidas momentos de quietud donde la mente se libera y podemos mirar todo desde otra perspectiva. A tu oscuridad sácale los destellos de luz que ella misma encierra. Da pasos a un nuevo resplandecer.

### Espacio para escuchar la voz de Aquel que siempre te ha visto

Tal vez pasaste por momentos donde sentiste que nadie notaba tu dolor, que eras invisible, o que tus lágrimas caían al suelo sin ser vistas. Pero el Dios que te formó no solo te ve, sino que te comprende, te llama por nombre y te busca en medio del desierto. Como a Agar, Él te encuentra justo donde estás, no para juzgarte, sino para recordarte que no estás sola y que Su mirada es amor, no condena. Haz una pausa y dile: "Dios que me ves, muéstrame lo que Tú ves en mí.

**Preguntas para reflexionar:**

1. ¿Has sentido alguna vez que eras invisible o que tu dolor no le importaba a nadie? ¿Qué emociones trae eso a tu memoria?
_____
_____
_____
_____

2. Cuando piensas en un Dios que te ve con ternura, ¿cómo cambia la forma en que te percibes a ti mismo?
_____
_____
_____
_____

3. ¿Qué situaciones de tu vida te han hecho creer que estabas solo? ¿Cómo crees que Dios estuvo presente aunque no lo notaras?
_____
_____
_____
_____

4. Si Dios te hablara hoy directamente al corazón, ¿qué crees que te diría para sanar las heridas de sentirte no visto?
_____
_____
_____
_____

5. Escribe una afirmación de verdad basada en esta revelación. Por ejemplo: "No soy invisible. Dios me ve, me conoce y me ama con propósito."

_____
_____
_____
_____

**Notas del alma:** Deja fluir tus pensamientos, una oración, una promesa o una frase que quieras guardar de este encuentro.

_____
_____
_____
_____
_____
_____
_____
_____
_____

### Oración final

Dios que me ve, gracias porque nunca apartaste tu mirada de mí. Aun cuando me sentí olvidado, Tú estabas cerca, guardando mis lágrimas y escribiendo mi historia con amor. Hoy elijo creer en Tu mirada restauradora, esa que me llama hijo, hija, me cubre y me recuerda que no estoy solo. Enséñame a verme como Tú me ves: amado, valioso y visible ante Tus ojos. Amén.

### Versículo para meditar

*"Tú eres Dios que me ve; porque dijo: No he visto también aquí al que me ve" Génesis 16:13.*

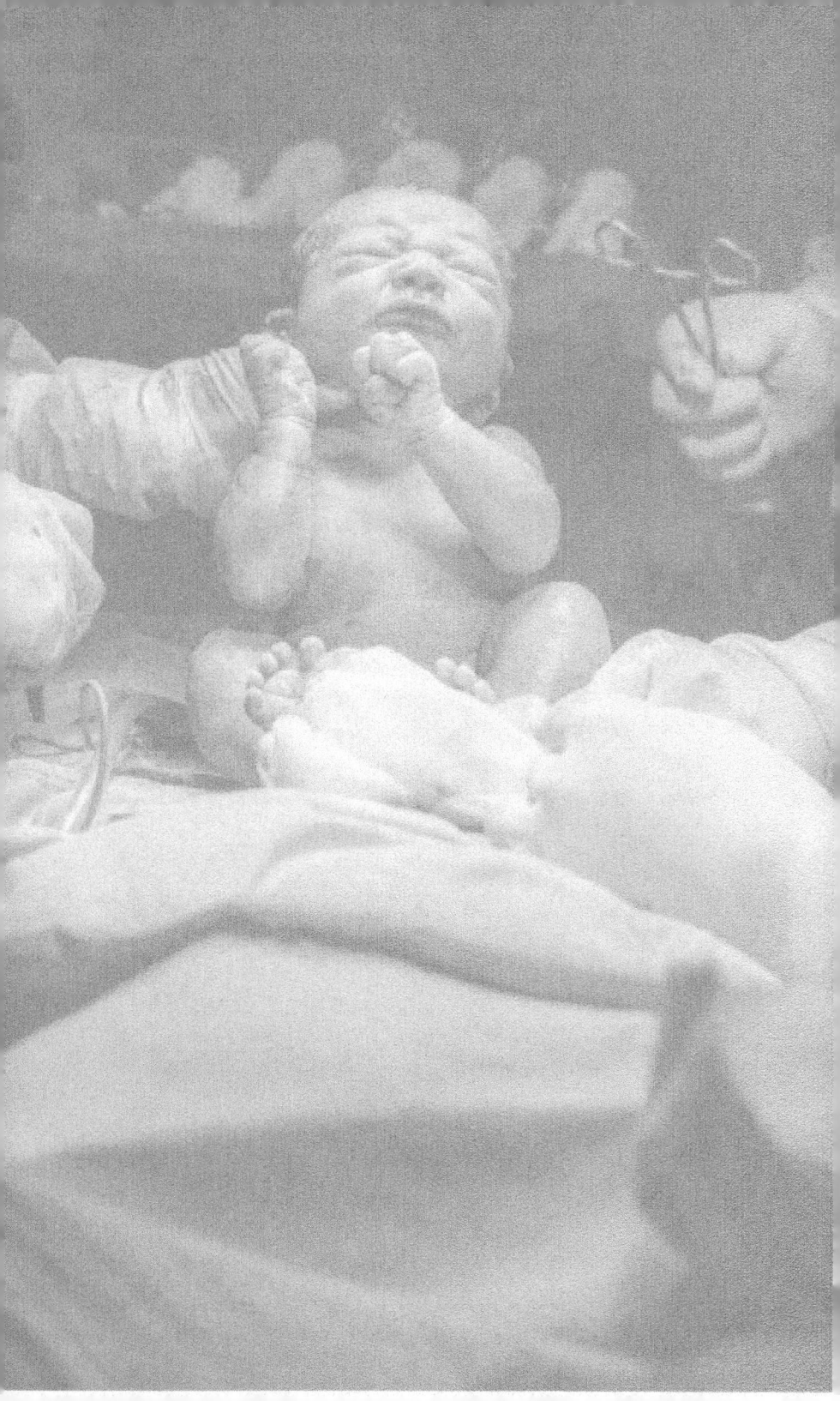

## Capítulo 4
## La decepción de nacer

La decepción es una emoción dolorosa que se despierta en una persona al incumplirse una expectativa construida. Generalmente, esta es en torno al comportamiento de otra persona o con relación a algún acontecimiento por el cual se está atravesando, pero no es deseado.

Podríamos decir que el nacimiento de un bebé es la mayor expresión de amor que podamos experimentar. Sin embargo, es importante resaltar que demasiados casos no despiertan el mismo sentimiento. Para muchos una prueba de embarazo positiva puede llegar a ser el cumplimiento de un sueño anhelado, mientras que para otros puede resultar en una decepción, frustración, ansiedad, limitación y exclusión. Podría seguir mencionando sentimientos negativos experimentados hasta llegar al punto de escoger no traer al mundo lo que ya es un hecho en el vientre de una mamá. Y es que las circunstancias y los días vividos en nuestra humanidad pueden aportar significativamente a esto.

Por otro lado, ¿qué de aquellas jóvenes y mujeres que fueron abusadas sexualmente y por consiguiente quedaron embarazadas?, ¿Qué de aquellas mujeres que una vez expresaron estar en estado de embarazo y el padre de dicha criatura abandonó lo que ya es su responsabilidad?

### ¡Quién se pone mis zapatos!

Desde la perspectiva humana, teológica y cristiana, la cuestión del embarazo en casos de abuso sexual es sumamente compleja y dolorosa. Permíteme compartirte lo que he podido entender a través de la Palabra.

1. *Dios es el Creador de la vida, pero no aprueba el pecado.* La Biblia enseña que Dios es quien da la vida y forma al ser humano en el vientre materno. Sin embargo, esto no significa que Dios apruebe o cause las circunstancias pecaminosas que llevaron a ese embarazo. La violación es un acto violento desaprobado por Dios. Él les ha dado libre albedrío a los seres humanos y lamentablemente algunos eligen hacer el mal. **"Señor, muéstrame tus caminos, y enséñame tus sendas"** *(Salmos 25:4).*

2. *El Pecado y el mundo caído.* El mundo está marcado por el pecado desde la caída de Adán y Eva (Génesis 3). Esto significa que vivimos en un mundo donde existe el sufrimiento, la maldad y la injusticia. Dios permite el libre albedrío, pero desaprueba contundentemente las acciones de aquellos que accionan en contra de Su Palabra. Esto implica que algunos deciden cometer atrocidades y no es un deseo impuesto por Dios ni mucho menos, parte del diseño original. Es necesario entender que un acto de violación es consecuencia del pecado en el mundo, pero el embarazo resultante no es en sí mismo un acto de maldad, sino la manifestación de un proceso biológico que Dios estableció. En otras palabras, Dios diseñó el cuerpo humano para concebir vida, pero el pecado distorsiona el contexto en el que esto ocurre.

*"El pecado, pues, está en aquel que sabe hacer lo bueno y no lo hace" (Santiago 4:17).*

3. Dios puede traer bien aun en medio del dolor. Aunque Dios no causa el abuso ni lo aprueba, Él puede traer algo bueno de cualquier situación. En casos de embarazo por violación, muchas mujeres han encontrado en sus hijos un propósito, aunque el origen de la concepción haya sido trágico. Sin embargo, cada caso es único, y el proceso de sanidad es difícil y requiere apoyo espiritual, emocional y psicológico. No se puede sanar aquello que no enfrentamos. *"Él sana a los quebrantados de corazón y venda sus heridas" (Salmos 147:3).*

4. Dios es Justo y Consolador. Dios no solo es el creador de la vida, sino también el defensor de los oprimidos. Las mujeres que han sido víctimas de abuso sexual necesitan apoyo y compasión, no condena. Son merecedoras de recibir amor, ayuda y orientación en lugar de juicio. El hecho de que una mujer quede embarazada tras una violación no significa que Dios apruebe lo sucedido, sino que Él respeta las leyes naturales que estableció. La violación es una consecuencia del pecado humano, pero la vida sigue siendo un regalo divino. Aunque la situación es extremadamente dolorosa, Dios sigue siendo Soberano y puede traer restauración y propósito, incluso en medio del más trágico dolor. *"El Espíritu de Jehová el Señor está sobre mí, porque me ungió Jehová; me ha enviado a predicar buenas nuevas a los abatidos, a vendar a los quebrantados de corazón, a publicar libertad a los cautivos, y a los presos apertura de la cárcel; a proclamar el año de la buena voluntad de Jehová" (Isaías 61:1-2).*

## *Un momento de reflexión*

No nos tomemos el riesgo de hablar palabras que aún nadie ha hablado ni silenciar las que ya se expresaron. Cada persona vive su propia experiencia, de hecho, también tú que me lees en estos momentos. En ocasiones, no podemos entender por qué alguien que anhela cargar un bebé en su vientre no lo logra y por qué, otros que tuvieron o tendrán la oportunidad, la rechazaron o la rechazarán.

Me he topado con personas que no entienden y es mi anhelo ser sincera contigo, tampoco entiendo del todo por qué alguien que sí desea con todas sus ansias cargar en su vientre para luego acurrucar en sus brazos un bebé, no tiene esa satisfactoria experiencia, pero una cosa sí sé y es que Dios es Soberano y debajo de Su Soberanía estamos nosotros y nuestra voluntad tratando de imponerse.

En múltiples ocasiones nos encontramos pidiendo algo fuera de tiempo y de Sus planes y te comparto que nuestro Padre Celestial no se mueve por nuestros deseos, mucho menos lo mueven nuestras emociones, EL SE MUEVE POR PROPÓSITO.

Como un ciervo herido entre las sombras, no sabía que era mi alma la que clamaba, como brama el ciervo por las corrientes de agua. Huía sin saber de qué corría, sin entender por qué, dejando en el camino gotas invisibles de sangre emocional, heridas que nadie veía y memorias que no sabía cómo nombrar. Era como ese ciervo solitario, oculto entre la maleza de una niñez confusa, buscando una fuente, un descanso, una voz segura. En mi interior había un eco, una especie de recuerdo anterior al lenguaje, anterior incluso a mi primer llanto audible. Como si antes de aprender a hablar ya supiera del silencio. Como si antes de aprender a correr, ya hubiese querido huir. Como si desde antes, la decepción de nacer se hubiera instalado en mi alma. Creo que el alma viaja antes que el cuerpo y la mía había emprendido un viaje largo, difícil, lleno de estaciones de dolor, sin mapa y sin compañía. Solo con la decepción de nacer como compañera silenciosa. Pero en ese viaje invisible, aunque yo no lo sabía, Alguien me seguía muy de cerca. Ese alguien hoy lo reconozco como el Pastor que conoce el sonido del alma herida de Sus ovejas, que camina detrás con paciencia eterna, esperando el momento en que Su voz sea reconocida.

No todo dolor tiene nombre. No toda herida sangra por fuera. No toda memoria es clara, pero toda alma herida anhela ser encontrada. Si estás leyendo esto y sientes ese peso que yo sentí, ese vacío que no sabes cómo llenar escucha: no estás solo. Tu dolor tiene nombre, tu herida tiene un Creador que la ve y la comprende. Él camina detrás de ti, incluso cuando no lo percibes.

Hoy puedo decirlo con certeza: aunque la vida te haya colocado en sombras, hay alguien que conoce la luz que llevas dentro. Y esa luz, aunque escondida, nunca se apaga.

**Espacio para mirar atrás con los ojos de la gracia**

A veces, nuestro pasado parece una carga, un eco de heridas o decisiones que no comprendimos. Pero cuando Dios nos invita a viajar atrás, no es para revivir el dolor, sino para sanar lo que aún sangra y abrazar lo que Él nunca dejó de amar: tu historia. El Espíritu Santo quiere caminar contigo por esos lugares de tu memoria, mostrarte dónde Él estuvo presente, incluso cuando no lo notabas, y revelarte que cada paso fue parte del camino hacia tu redención.

Haz silencio. Respira.

Ora: "Espíritu Santo, camina conmigo por mi historia y muéstrame tu verdad."

**Preguntas para reflexionar:**

1. ¿Qué recuerdos vienen a tu mente cuando piensas en tu niñez o juventud? ¿Hay momentos que todavía te duelen?
_____
_____
_____
_____

2. ¿Qué mentiras nacieron en tu corazón a causa de experiencias pasadas? ¿Qué verdad de Dios viene hoy a reemplazarlas?
_____
_____
_____
_____

3. ¿Puedes identificar momentos en los que hoy reconoces que Dios te sostuvo, aunque en ese entonces no lo comprendías?
_____
_____
_____
_____

4. Si pudieras hablar con tu "yo" del pasado, ¿qué palabras de amor, perdón y esperanza le dirías desde tu presente sanado?
_____
_____
_____
_____

5. ¿Qué pasos estás dispuesto a dar hoy para entregarle a Dios tu pasado completo, y dejar que Él transforme tus recuerdos en testimonios de su fidelidad?

_____
_____
_____
_____

**Notas del alma:** Escribe lo que sientas, una oración, una frase, una revelación o promesa que Dios te hable hoy.

_____
_____
_____
_____
_____
_____

### Oración final

Padre amoroso, gracias porque hoy me acompañas a mirar atrás, no para revivir el dolor, sino para sanar mis heridas con tu amor. Te entrego mi pasado, mis memorias, mis decisiones, y todo lo que aún duele. Muéstrame Tu presencia en cada capítulo de mi historia. Transforma lo que fue oscuridad en luz, y conviértelo en testimonio de Tu misericordia. Hoy dejo de huir de mi historia, y la abrazo contigo, sabiendo que Tú redimes todo. Amén.

### Versículo para meditar

*"Y te acordarás de todo el camino por donde te ha traído Jehová tu Dios para afligirte, para probarte, para saber lo que había en tu corazón"* **Deuteronomio 8:2.**

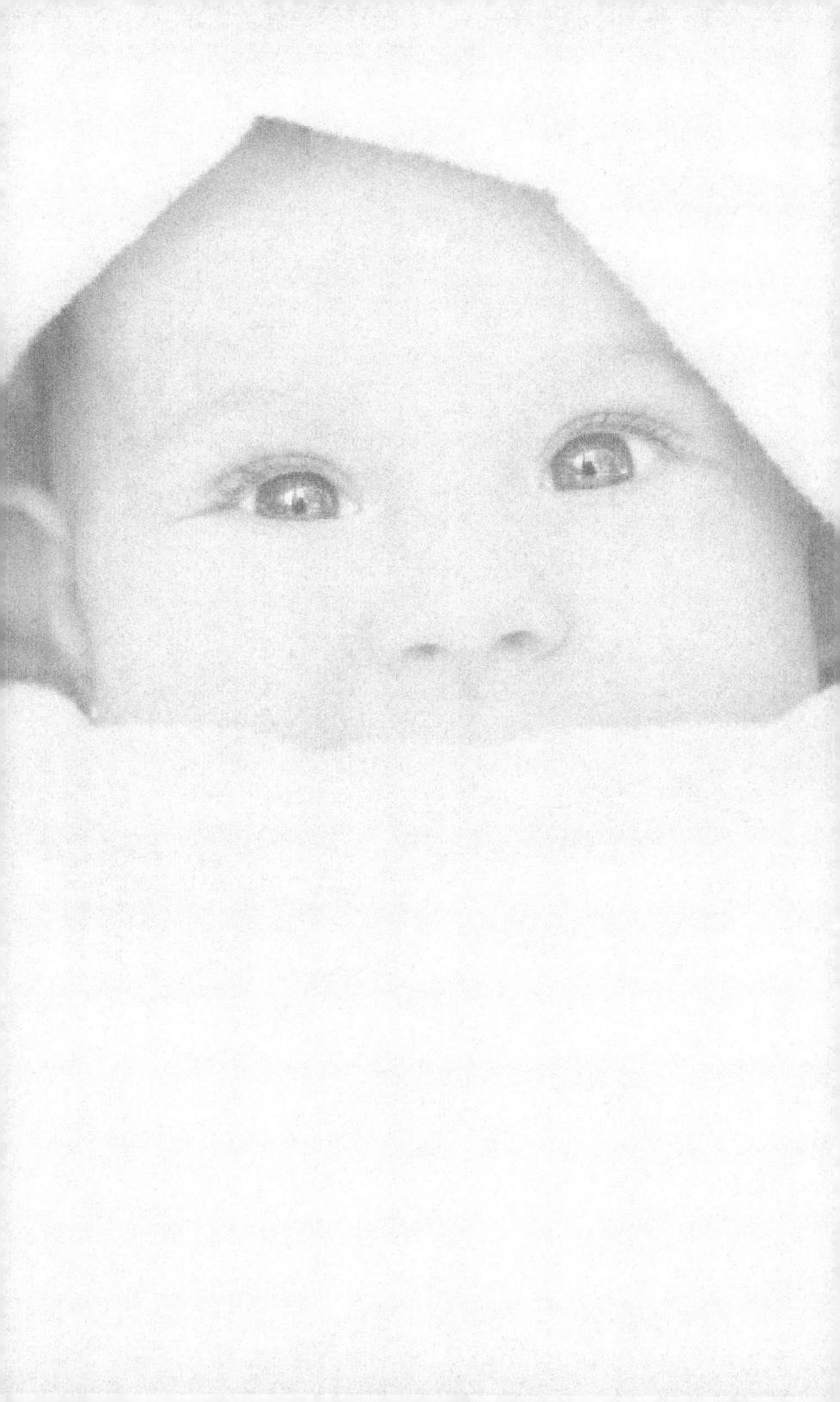

# Capítulo 5
## Tú eres el Dios que me ve

La Biblia registra casos que son muy significativos y que nos ayudan a seguir creyendo y a entender que todo a la manera de Dios es mejor. En Génesis se encuentra uno de ellos, los protagonistas son Abram y Sarai. Abram fue un hombre llamado por Dios quien obedientemente respondió a Su voz y alcanzó la promesa. Sarai, por otra parte, fue mujer y esposa abnegada que caminó de la mano de Abram aun cuando no veía nada.

En el registro de nuestras vidas puede haber más de un descriptivo sobre nuestra persona, pero está en nuestras manos creer que lo que Dios dijo desde la eternidad se cumplirá. Sarai es uno de los mejores ejemplos para describir la Soberanía de Dios. Dios le dio una promesa, Abram creyó, pero el tiempo y la espera hicieron que Sarai se antepusiera a ella. Cabe destacar que un buen deseo o buena intención fuera de la voluntad de Dios, podrían convertirse en el peor obstáculo para ver el cumplimiento de las promesas que gravitan sobre nosotros.

Sarai decidió disponer de una mujer que ante sus ojos era "fértil" para que le proveyera lo que ya se le había prometido que vendría de su propio vientre, porque aún no había llegado y ante sus ojos parecía imposible. Y es que las circunstancias a su alrededor no se acomodaron a aquella promesa. Las promesas de Dios no tienen el tamaño adecuado para acomodarse a nuestro entorno y justo eso es lo que hace que el cumplimiento de ellas sea sobrenatural.

Ella le dio un giro inesperado a una conclusión que ya tenía un inicio en la historia escrita para sus vidas por Dios. Abram por instrucción de su esposa se acostó con su sierva Agar y tal como ella pensó sucedió. Aquella mujer egipcia concibió un hijo, lo que levantó en medio de ellas y de aquella generación una muralla de contiendas. No sé cómo describieron ellas aquel acontecimiento, pero yo lo describo como una humanidad interpuesta ante la Soberanía de Dios. ¿Y qué hace Él en un momento como ese? Por supuesto, permitir que lo que nos regaló como libre albedrío se incline a doblegarse delante de Su Soberana voluntad. Agar estaba afligida, parecía que lo que comenzó como una "buena decisión" se estaba convirtiendo en un descontento. Mientras que la promesa declarada sobre Sarai seguía gravitando sobre ella. ¿Cuántas veces nos hemos encontrado ahí? Siendo sinceros las veces parecen múltiples trayendo como resultado el reclamarle a Dios, pero permíteme recordarte lo que en ocasiones he tenido que decirme a mí misma, esto solo es el resultado de tu voluntad, más no la de Dios.

¡Y nació Ismael! ¿Cuántos Ismaeles nos han nacido fuera del pacto y del tiempo? Agar fue tan afligida que llegó la decepción de haber concebido. No obstante, Dios reveló sobre ella Su misericordia y amor. Esto hizo que ella exclamara: ¿No he visto también aquí al que me ve? Por lo cual llamó al pozo (fuente donde ella llegó desesperada y angustiada), Pozo del Viviente que me ve (Génesis 16:13-14).

Quizás te encuentres como Sarai (desprecio) o como Agar (aflicción), pero de algo estoy segura, llegará el momento donde tus ojos serán abiertos y podrás decir: Tú eres el Dios que ve. Mi anhelo es que seas encontrado por el ángel de Jehová y que la Palabra para ti sea la misma que le dio a Agar. ¡Multiplicaré tanto a tu descendencia, que no podrá ser contada a causa de la multitud (Génesis 16)! Llegó el tiempo de concentrar tu audición a la voz correcta, la voz de Dios.

A través de esta historia miramos a una madre abnegada, pero que al no saber que pudiera acontecer con su vida y la de su hijo se dio por vencida. Los peores tiempos no son el final, sino el trampolín para poder saltar con ímpetu a nuestra próxima temporada.

Agar no fue sola al desierto también expuso a su hijo Ismael. Me sorprende que no hubo necesidad de palabra alguna, pero el dolor, la angustia, la desesperanza, el sentido de soledad, el abandono y la falta de fuerza, no pudieron evitar que la bondad de Dios la persiguiera y la alcanzara. La bondad de Dios no se rige por sentimientos, pero es una característica innegable que la caracteriza y nos recuerda cuan bueno es Él. En medio de todos nuestros quebrantos, desaciertos y todo lo que como seres humanos podemos experimentar, no faltará que se haga visible la Soberanía, Compasión y Bondad del único y verdadero Dios.

**Un momento de reflexión: No eres invisible para Dios.**

*"Dios oyó la voz del muchacho" (Génesis 21:17).* Hay momentos en la vida en los que sientes que nadie te ve. Puedes estar rodeado de gente, pero sigues sintiéndote solo. A veces, el dolor que llevas dentro parece invisible para el mundo. Caminas por la vida como si fueras una sombra, sin ser notado,

sin ser escuchado y sin ser amado. Así se sintió Ismael en el desierto. Él no pidió nacer en una historia complicada. No eligió ser el hijo no deseado, el que debía ser echado lejos para que otro ocupara su lugar. Un día tenía un hogar, y al siguiente, solo tenía arena bajo sus pies y lágrimas en sus ojos. Tal vez tú también te has sentido así, rechazado y olvidado. Como si no importaras. Pero aquí está la verdad que cambia todo: Dios te ve, Dios te oye, Dios te ama. Cuando Ismael lloró en su desesperación, Dios escuchó su voz. No lo ignoró, ni lo desechó. Dios no hace con nosotros lo que los demás han hecho. Él se acerca, habla y restaura.

- Quizás la gente te ha dejado, pero Dios no lo ha hecho.
- Quizás el mundo te ha llamado "un error", pero Dios te llama "hijo".
- Quizás crees que no hay esperanza, pero Dios ya ha preparado un camino para ti.

Desde antes de que mi madre me concibiera, Dios ya me había elegido. Jeremías 1:5 dice: *"Antes que te formase en el vientre te conocí, y antes que nacieses te santifiqué; te di por profeta a las naciones".* Este no es solo un versículo: es una promesa viva de que mi vida, aunque llena de dolor, estaba segura en Sus manos.

Crecí sintiéndome nada. Creí que mis decisiones equivocadas, los errores que cometí, incluso el ambiente que me rodeaba determinaría mi destino. Pero aprendí que Él siempre estuvo desplegando Su plan en silencio. Mientras el mundo me veía perdida, Él me veía con propósito. Como Agar en la historia bíblica, a veces nos sentimos olvidados, usados o no deseados. Nos creemos invisibles, sin valor, como si nuestra existencia fuera un error. Pero Dios nunca olvida a los que forman parte de Su plan. Aunque el entorno nos haga sentir invisibles, Él nos conoce por nombre, nos forma con cuidado y nos prepara para un propósito mayor.

Mi destino comenzó a desplegarse cuando permití que Sus ojos vieran más allá de mis errores, cuando aprendí a escuchar Su voz por encima de las mentiras que había creído sobre mí misma. Descubrí que, aunque había caído muchas veces, Él siempre estuvo allí, listo para levantarme y guiarme hacia el propósito para el que fui creada.

Hoy sé que cada tropiezo, cada decisión equivocada y cada momento de dolor fueron parte de un plan más grande. No porque fueran mi destino, sino porque Él, en Su amor perfecto, transformó cada caída en escalón hacia lo que estaba destinado para mí. Si estás leyendo esto, entiende algo: aunque sientas que el mundo te ha dejado atrás, Dios tiene un plan desplegándose silenciosamente para ti. Y cuando lo veas, comprenderás que nada fue en vano, que tu vida nunca fue un error y que tu propósito es tan grande como el cielo que te soñó.

En medio de tu propio desierto, quiero recordarte algo: Dios está cerca de ti. Tal vez no lo sientes y piensas que está en silencio, pero Él está obrando. Él ha visto cada lágrima, ha escuchado cada clamor que nadie más oyó. Tu historia no termina aquí. El mismo Dios que abrió los ojos de Agar para ver un pozo de agua, abrirá los tuyos para mostrarte que hay esperanza más allá del dolor. Porque no eres invisible para Dios.

**Espacio para descubrir tu propósito en Sus manos**

A veces pensamos que nuestra vida es fruto del azar o de decisiones equivocadas. Pero Dios te recuerda que Él te conoció antes de tu nacimiento, que tu destino ya estaba escrito y cada día te acercaba a Él. Este es el momento de abrir tu corazón y permitir que el Espíritu Santo te revele cómo tu historia, tus heridas y tus anhelos son parte de un plan mayor: un despliegue de vida y propósito que solo Dios puede orquestar.

Respira profundo y ora: Señor, muéstrame hoy mi destino en Tus manos y cómo puedo caminar hacia él.

**Preguntas para reflexionar:**

1. ¿Qué emociones te genera saber que Dios te conoció y te llamó antes de nacer?
_____
_____
_____
_____


2. ¿Puedes identificar momentos de tu vida que, aunque difíciles, te han preparado para cumplir tu propósito?
_____
_____
_____
_____


3. ¿Qué decisiones o actitudes necesitas entregar hoy a Dios para avanzar hacia tu destino?
_____
_____
_____
_____

4. ¿Qué dones, talentos o sueños crees que Dios ha puesto en ti para cumplir Su plan?

_____
_____
_____
_____

5. Escribe una afirmación de fe sobre tu propósito y destino. Por ejemplo: "Dios me conoció antes de nacer y me ha creado para cumplir Su plan perfecto en mi vida."

_____
_____
_____
_____

**Notas del alma:** Escribe lo que el Espíritu Santo te inspire. Promesas, revelaciones, pasos que quieres dar o gratitud por tu vida.

_____
_____
_____
_____

### Oración final

Padre amado, gracias porque me conociste antes de nacer y tienes un propósito único para mí. Hoy entrego mi pasado, mis errores y mis sueños incompletos en Tus manos. Ayúdame a caminar confiado, reconociendo que cada paso me acerca a Tu destino. Que Tu Espíritu me guíe para vivir la vida que me soñaste, para honrar Tu propósito y glorificar Tu nombre. Amén.

**Versículo para meditar**

*"Antes que te formase en el vientre te conocí, y antes que nacieses te santifiqué; te di por profeta a las naciones." Jeremías 1:5*

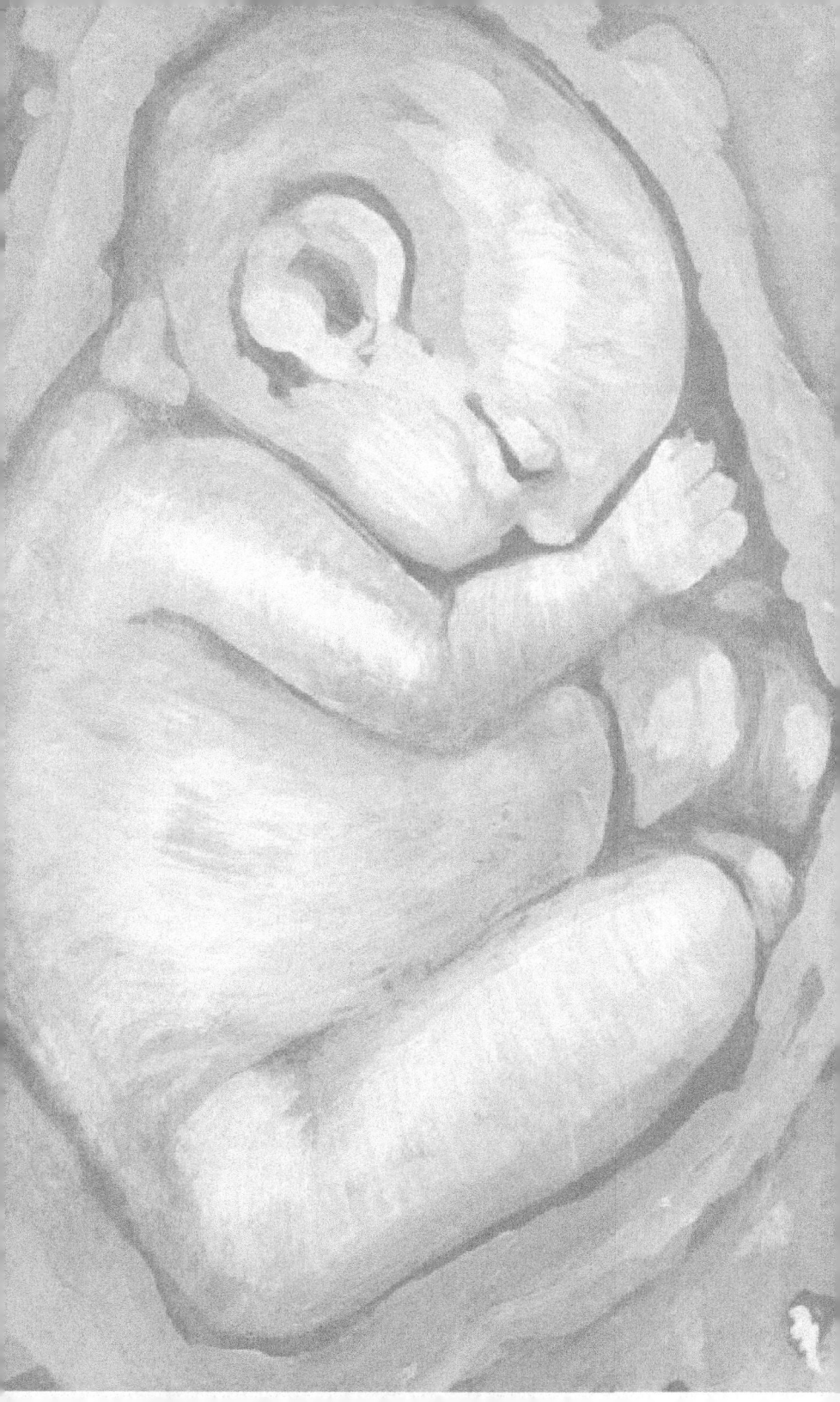

## Capítulo 6
## Viajando atrás

En la actualidad, hay una inmensa cantidad de cosas creadas por el ser humano. Cada una de ellas tiene su diseñador, su propósito y su uso específico. Un auto, una prenda de ropa, un aparato electrónico, todos tienen un diseño detallado. Si algo se daña, cualquier persona con conocimiento de su diseño puede repararlo, pero, si no es tratado por el diseñador adecuado, pierde su exclusividad. Así somos nosotros, fuimos creados por un diseñador único: Dios. Solo a través de Él podemos volver a nuestro diseño original para operar plenamente en lo que fuimos llamados a ser.

La preparación para sanar es una responsabilidad individual. Aunque el entorno colectivo puede ayudarnos, es nuestro compromiso personal decidir cómo nos rodeamos, qué cautiva nuestra atención y hacia dónde dirigimos nuestros pasos. Lo que elegimos hoy impactará nuestro presente y nuestro futuro, tal como lo hizo en nuestro pasado.

En nuestra infancia, todos experimentamos heridas emocionales o físicas. No todas las heridas dejan cicatrices visibles, pero igualmente nos afectan. Desde una caída, una fractura, abusos o cualquier otro daño, estas experiencias deben ser atendidas y sanadas con rapidez. Es lamentable, sin embargo, que muchas de estas heridas no fueron tratadas a tiempo, y en muchos casos, fueron ignoradas o sepultadas.

De manera similar, los daños emocionales provocados por otros, ya sea de manera deliberada o no, dejan marcas profundas. Es doloroso reconocer que en muchos casos estas heridas nunca fueron abordadas, otras fueron saboteadas, y algunas simplemente se enterraron. Pero independientemente de en qué estado nos encontremos hoy, lo que realmente importa es el estado en el que debemos y podemos estar mañana. *"Aún hay esperanza para todo aquel que está entre los vivos" (Eclesiastés 9:4).* Si no atendemos las heridas del pasado, pueden convertirse en una gangrena que nos devora poco a poco. ¿Cuándo es el mejor momento para sanar? ¡Es ahora!

Debemos aceptar que nuestras heridas y daños son reales, y reconocer que no fue nuestra culpa desarrollar algunas tendencias y comportamientos. No las elegimos ni las buscamos. Háblale a tu alma y dile: ¡NO FUE MI CULPA! Es hora de perdonarte por todo lo que te has culpado por tanto tiempo. Las heridas más profundas a menudo provienen de una infancia difícil o de un proceso de crecimiento marcado por dolor o imperfección. También pueden ser el resultado de cuidadores que hicieron lo mejor que pudieron con lo que sabían y tenían, porque quizás recibieron lo mismo. Es cierto que no podemos excusarnos detrás de patrones, pues muchos pueden ser transformados, pero la realidad es que muchas veces ni siquiera recibieron el manual de instrucciones para sanar.

En nuestra humanidad, creamos bloqueos emocionales que nos impiden recordar los buenos momentos, mientras que los malos quedan como sombras que nos persiguen. Es importante mantener vivos los recuerdos buenos, pero también necesitamos trabajar en aquellos que bloqueamos como mecanismo de defensa. Solo entonces podremos sanarlos.

¿Cómo está tu niño interior?

- Falto de identidad
- Lastimado
- Rechazado
- Maltratado
- Abandonado
- Excluido
- Humillado
- Burlado
- Traicionado
- Inseguro
- Amargado
- Malhumorado
- Limitado

¿Sabías que si no sanas a tu niño interior, jamás podrás vivir como un adulto pleno? Cuidar a nuestro niño interior implica sanar lo que otros dañaron en él y nunca decidieron reparar. Existen muchos caminos para comenzar a sanar nuestro niño interior, pero el primero y más importante es encontrarnos con Dios. Deja que el amor del Padre, Creador y Redentor te guíe hacia una sanidad profunda que te llevará a una libertad absoluta. Después de Dios, el siguiente más importante eres tú mismo.

¿Cómo deseas vivir tus próximos días y las temporadas venideras? Si hay algo que Dios nos regala cada mañana, son sus inagotables misericordias. En Su misericordia, todo puede ser diferente. *"Por la misericordia de Jehová no hemos sido consumidos, porque nunca decayeron sus misericordias. Nuevas son cada mañana; grande es tu fidelidad. Mi porción es Jehová, dijo mi alma; por tanto, en Él esperaré" (Lamentaciones 3:22-24).* Entonces, ¿por qué vivir un presente cargado por un pasado que no permite manifestarse plenamente el presente? Despojarnos de lo que ya no forma parte de nuestro ahora es esencial para seguir caminando hacia lo que está por delante. Hazlo sin reservas y con el espacio adecuado.

Si has bloqueado tus emociones, es momento de desbloquearlas. Deja que fluyan, que tu cuerpo sea un recipiente que se desborde y se libere de lo que no debe mantener. Si nunca buscaste ayuda, este es el momento. Si lo hiciste y fuiste ignorado, ahora no lo serás. Enfrenta tus miedos y limitaciones. Ahora es el momento. Dios está contigo.

En tiempos antiguos, hubo un profeta llamado Elías del cual se escriben hechos extraordinarios en 1 Reyes 19. La Biblia narra sucesos impresionantes que solo pudieron suceder por medio de este gran hombre de Dios. Sin embargo, después de experimentar el poder sobrenatural de Dios, tuvo miedo de una voz que lo amedrentó, logrando que huyera y se escondiera. ¿Quién o qué está amedrentando tu vida hoy? ¿Quién o qué te mantiene en la cueva? Hoy quiero decirte lo mismo que el ángel de Jehová le dijo a Elías: ¡Levántate y come, porque largo camino te resta!

Toma una página en blanco para que comiences a escribir una nueva historia, colorea con tus mejores anhelos, dale tus mejores destellos, resalta tus virtudes, añádele tus fortalezas, ponle llanura a tus alturas y altura a tus llanos y permite que la luz de la Palabra de Dios ilumine tu camino hacia el destino correcto: Su Presencia.

Mi historia no solo está en mi mente, sino en lo más profundo de mí: en mis entrañas, en mi cuerpo y en mi alma. Cada experiencia, cada lágrima, cada victoria y cada caída, formó la persona que soy hoy. Todo lo que viví, todo lo que sentí y aún siento, está tejido en mí como un mapa que guía mi camino y revela quién realmente soy. Aun así tengo que gritar al mundo que Él es el Dios que nos ve, sin importar dónde o cómo estemos.

Dios conoce cada rincón de mi ser. Nada está oculto ante Sus ojos. Cada pensamiento, cada miedo, cada anhelo, cada sombra, cada luz, todo lo ve y todo lo abraza. Al comprender esto, pude aprender a aceptarme, a valorarme y a amarme tal como soy, sin máscaras, sin pretensiones, sin esconder mis heridas. Es en esa intimidad con Él donde descubrimos que somos más que las circunstancias que nos tocaron. Que nuestra historia, aunque marcada por dolor y desafíos, tiene un propósito eterno. Que nuestras lágrimas no son en vano, nuestras cicatrices cuentan historias de resistencia y nuestros silencios son escuchados con amor.

Cuando entendemos que Dios ve y cuida cada parte de nosotros, incluso lo que creemos insignificante o roto, nace una libertad profunda. Una libertad que nos permite caminar con confianza, sin miedo a lo que otros piensen o digan, porque la mirada que importa es la Suya, la que nos formó y nos conoce desde antes de nacer.

Mi historia está en mis entrañas, sí, pero hoy esas entrañas laten con fuerza, con esperanza, con amor. Y si tú lees esto y sientes que aún hay partes tuyas que necesitan ser vistas, recuerda que Dios ya las conoce, las abraza y tiene planes para cada una de ellas. Cada rincón de tu ser es precioso para Él, y en Sus manos, incluso lo que está roto puede ser restaurado.

## Espacio para discernir y alinear tu corazón con la verdad de Dios

A veces nos encontramos en medio de opiniones contrarias, expectativas de otros o criterios que no coinciden con nuestra vida y nuestro corazón. Es fácil sentirse confundido, frustrado o incluso derrotado por los juicios ajenos. Pero Dios nos recuerda que nuestro estándar no es el de los hombres, sino el amor, la verdad y la sabiduría que Él nos da.

Hoy tienes la oportunidad de escuchar Su voz, dejar que Su criterio gobierne tu mente y encontrar paz en Su dirección. Cierra los ojos, respira profundo y ora: Señor, ayúdame a discernir lo que es verdad y a actuar según Tu sabiduría, no según los criterios humanos.

**Preguntas para reflexionar:**

1. ¿Hay decisiones recientes o situaciones donde los criterios de otros te han confundido o herido?

_____
_____
_____
_____

2. ¿Qué pensamientos o emociones surgen cuando percibes que tu criterio choca con el de alguien más?

_____
_____
_____
_____

3. ¿Cómo puedes permitir que la voz de Dios guíe tu discernimiento, aun cuando los demás no lo comprendan?
_____
_____
_____
_____

4. ¿Qué áreas de tu vida necesitas entregar al Señor para que Él sea tu guía y estándar de verdad?
_____
_____
_____
_____

5. Escribe una afirmación que te recuerde confiar en Dios más que en los juicios humanos. Por ejemplo: "Mi corazón se guía por la verdad de Dios, no por la opinión de los hombres".
_____
_____
_____
_____

**Notas del alma**: Escribe lo que el Espíritu Santo te revele: claridad, pasos a seguir, liberación o palabra de ánimo.
_____
_____
_____
_____
_____
_____
_____

### Oración final

Señor, gracias porque no tengo que vivir sometido a la opinión de otros. Ayúdame a discernir con Tu sabiduría, a mantener mi corazón alineado con Tu verdad, y a caminar con paz aunque mis criterios choquen con los del mundo. Que Tu Espíritu guíe cada decisión y pensamiento, y que siempre reconozca Tu voz sobre todas las voces. Amén.

### Versículo para meditar

*"No os conforméis a este siglo, sino transformaos por medio de la renovación de vuestro entendimiento, para que comprobéis cuál sea la buena voluntad de Dios, agradable y perfecta"Romanos 12:2.*

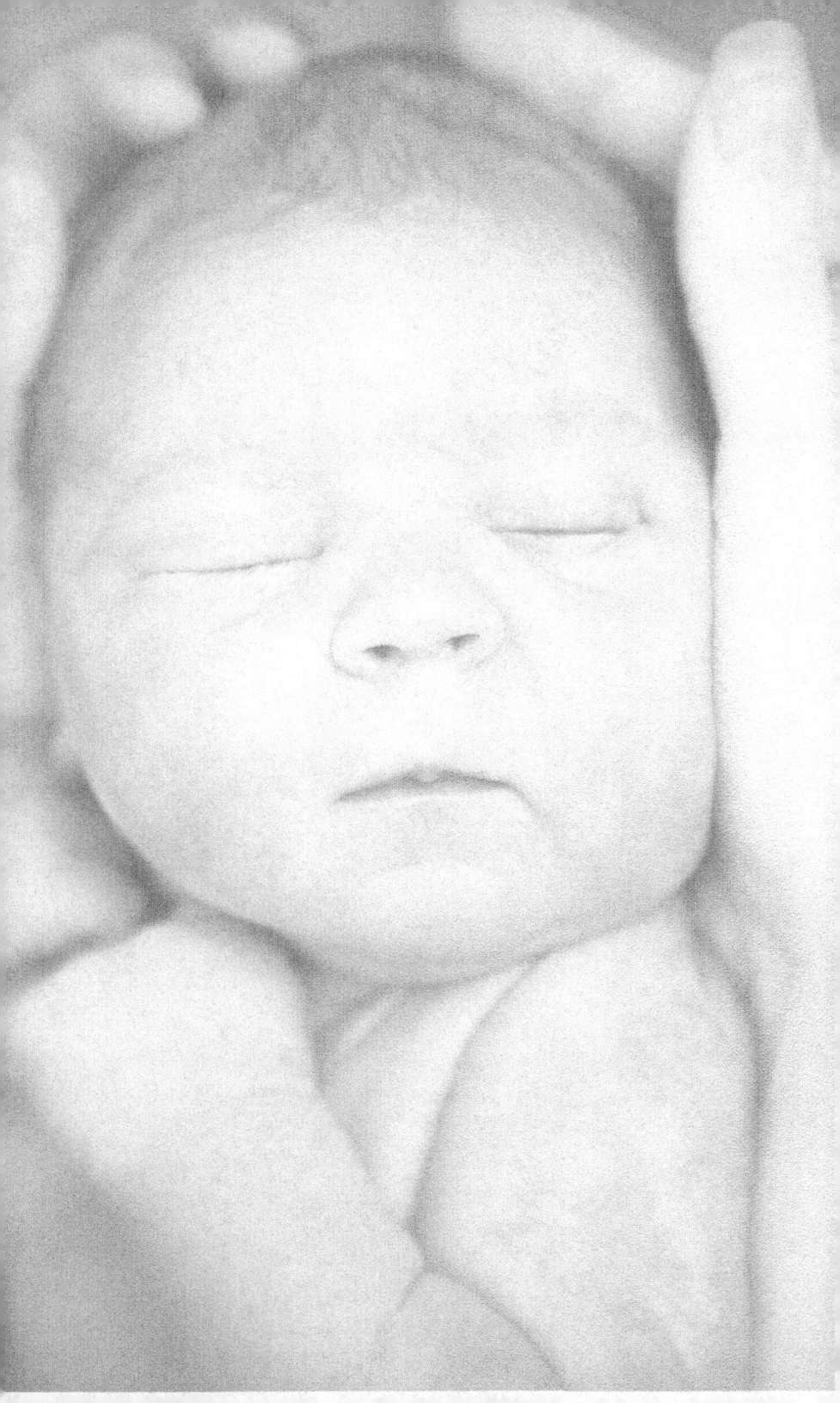

# Capítulo 7
# El despliegue de tu destino

**"Antes de que yo te formara en el vientre de tu madre, ya te conocía" (Jeremías 1:5).** Desde el momento en que una semilla es plantada en la tierra, lleva en su interior todo el potencial para convertirse en un árbol frondoso. Aunque en sus primeros días es apenas una pequeña raíz escondida bajo la tierra, su crecimiento ya ha sido diseñado por su Creador. De la misma manera, antes de que vieras la luz por primera vez y que tu corazón latiera por sí solo, Dios ya había trazado un plan para tu vida.

Jeremías es un recordatorio poderoso de que no somos un accidente ni un producto del azar. Antes de que nuestros ojos pudieran ver, ya éramos vistos por Dios. Antes de que el mundo nos diera un nombre, ya teníamos identidad en Su corazón. Pero ¿qué significa esto para nuestro destino? ¿Cómo se despliega el propósito divino en nuestra vida cuando muchas veces nos sentimos insuficientes, inseguros o perdidos?

Imagina por un momento que puedes retroceder en el tiempo hasta antes de tu concepción. No había un solo latido en tu corazón, ni una célula en formación, pero Dios ya te conocía. Ya había asignado dones a tu vida y te había separado para algo específico. No importa el contexto en el que naciste, ni las etiquetas que el mundo te haya tratado de imponer. Lo que realmente define quién eres es el llamado de Dios sobre tu vida.

Demasiadas personas conocen su ahora, pero caminan en total desconocimiento de quienes fueron antes. En múltiples ocasiones, caminan sin trazar un rumbo, sin una meta fija. En otras, sin identidad o con ella lacerada, lastimados, enojados con ellos, con la humanidad y hasta con Dios. Muchos anhelando no haber nacido y más doloroso aún, anhelando morir. Así lo experimentó Elías y también yo.

Según estadísticas a nivel mundial, alrededor de 3,000 mil personas se suicidan diariamente, lo que corresponde a una persona cada 40 segundos. Para mí esto es ¡Alarmante! Más aún, cuando en un momento dado formé parte de esa estadística al intentar suicidarme, pero también parte de una estadística eterna que preservó mi vida logrando que mis planes fuesen frustrados por uno perfecto. Gracias al plan de Dios hoy puedo escribir y compartirte parte de mi historia.

La frustración de no querer vivir es una batalla silenciosa que muchos enfrentan, incluso aquellos que parecen tenerlo todo bajo control. Es un sentimiento que se esconde detrás de sonrisas forzadas y rutinas mecánicas. Para algunos, surge de heridas del pasado que nunca sanaron. Para otros, de un presente abrumador que parece no tener salida.

La Biblia no ignora este dolor. Hombres y mujeres de Dios pasaron por momentos de profunda desesperación. El profeta Jeremías llegó a un punto en el que deseó no haber nacido: *"Maldito el día en que nací. El día en que mi madre me dio a luz no sea bendito" (Jeremías 20:14).* Job, un hombre justo que perdió todo en un instante, expresó un dolor similar: *"¿Por qué no morí en la matriz, o expiré al salir del vientre?" (Job 3:11).*

El problema con la frustración es que distorsiona nuestra visión de la realidad. Nos hace sentir que estamos solos, que nadie nos entiende, que nada cambiará. Pero la verdad es que Dios nunca nos abandona en medio del dolor. Aun cuando desconocemos de Su persona, Él está ahí presente. Fueron muchos los días donde me sentía como estos hombres antes mencionados y como muchos aquí en esta tierra, demás, incapaz de algo, saboteada, despreciada y mucho más.

Sé lo frustrado que se sintieron Elías, Jeremías y Job, pues yo también lo viví. Pero al igual que a ellos me sorprendió la buena, agradable y perfecta voluntad de Dios y hoy sigo "comiendo y bebiendo", porque sé que largo camino me resta y a ti también.

Existe un destino que espera por ti, canciones que debes cantar, danzar, páginas que debes escribir, abrazos que debes dar, buenos días que debes expresar a alguien que con tan solo esas cortas palabras impactarás, sonrisas que debes dar, existe tanto en ti que no puedes ver o entender, pero todo eso no está ahí porque sí, sino por alguien más. Si alguna vez has sentido que tu vida no tiene sentido, recuerda esto: tu historia aún no ha terminado. La frustración y el sufrimiento no definen tu destino; Dios sí.

El enemigo quiere hacernos creer que nuestro dolor es el final, pero Dios lo usa como el inicio de algo nuevo. Tal vez no lo veas ahora, pero hay un propósito en tu existencia. Dios te vio antes de que nacieras, te formó con amor y tiene un plan que el dolor no puede borrar. Si hoy sientes que no quieres seguir, haz una pausa. Respira. No tomes decisiones permanentes basadas en sentimientos temporales. Dios todavía no ha terminado su obra en ti.

### ¿Qué hacer en los momentos más oscuros?

1. Habla con Dios con honestidad. No tienes que esconder lo que sientes. Él ya lo sabe y quiere sanarte.

2. Busca apoyo. No estás solo. Habla con alguien de confianza, un amigo, un líder espiritual o un profesional.

3. Recuerda que los sentimientos no son la verdad. El dolor dice que todo está perdido, pero Dios dice que hay esperanza.

4. Toma un día a la vez. No te enfoques en el futuro lejano. Enfócate en dar un paso más.

5. Aférrate a las promesas de Dios. ¿Qué dijo Dios de ti, que cosas te ha prometido? Él nunca miente.

*"Porque yo sé los planes que tengo para ustedes, planes de bienestar y no de calamidad, a fin de darles un futuro y una esperanza" (Jeremías 29:11).* Si hoy sientes que no quieres vivir, recuerda: Dios aún tiene mucho por hacer contigo. No te rindas. El dolor no es tu destino, solo una estación en el camino hacia algo mayor. ¡Despliégate a tu destino, Él espera por ti! *"Y a los que predestinó, a estos también llamó; y a los que llamó, a estos también justificó; y a los que justificó, a estos también glorificó" (Romanos 8:30).*

La oscuridad que viví en mi infancia parecía eterna. Un hogar lleno de temor y dolor moldeó mi manera de ver la vida. Quise desaparecer, ideé formas de quitarme la vida y cargué con heridas profundas que nadie veía. Cada pensamiento era un peso, cada silencio un eco de soledad que parecía no tener fin. Intenté llenar mi vacío en decisiones equivocadas, en caminos que no daban fruto, hasta que conocí al verdadero Dios. Él transformó mi dolor en propósito, mi desesperación en esperanza, y mis cicatrices en testimonio de Su amor.

Hoy sé que mis planes truncados fueron los planes del infierno, pero Dios tenía propósito con mi vida. Nadie notó mi sufrimiento, nadie vio mi intento de suicidio, pero Dios sí. Él vio mi corazón, comprendió mis lágrimas y me sostuvo aun cuando yo no sabía que lo necesitaba.

Mi historia es prueba de que incluso en la oscuridad, Su luz puede alcanzar el alma más herida. Si estás pasando por lo mismo, deja que Su luz te alcance. Permítele tomar tus manos y escribir un nuevo capítulo en tu vida. No estás solo, y Su amor es más fuerte que cualquier oscuridad que hayas vivido.

**Espacio para reconocer, sanar y entregar tus heridas**

A veces intentamos esconder o disfrazar nuestras heridas, como si al ignorarlas desaparecieran. Otras veces, de manera inconsciente, las "vendamos" a través de comportamientos, palabras o relaciones, buscando atención o aceptación. Pero Dios nos invita a vendar nuestras heridas con Su amor, no a fingir que no existen ni a entregarlas al mundo. Hoy es momento de mirar dentro de ti, reconocer tu dolor y permitir que Su Espíritu lo sane de raíz.

Cierra los ojos y ora: Señor, muéstrame mis heridas y ayúdame a entregarlas en tus manos para que sanen.

**Preguntas para reflexionar:**

1. ¿Qué heridas internas sigues escondiendo o "vendando aunque siguen supurando?

   _____
   _____
   _____
   _____

2. ¿Cómo han afectado esas heridas tu manera de amar, confiar o relacionarte con los demás?

   _____
   _____
   _____
   _____

3. ¿Qué emociones o pensamientos surgen cuando piensas en entregar esas heridas a Dios?

   _____
   _____
   _____
   _____

4. ¿Qué pasos prácticos puedes dar hoy para permitir que Dios sane tus heridas?

   _____
   _____
   _____
   _____

5. Escribe una afirmación que te recuerde confiar en la sanidad de Dios. Por ejemplo: "Mis heridas no me definen. Dios las sana y me hace completa".

_____
_____
_____
_____

**Notas del alma:** Escribe lo que el Espíritu Santo te muestre: promesas, oración, descubrimientos o pasos para la sanidad.

_____
_____
_____
_____
_____
_____
_____

### Oración final

Padre amoroso, hoy entrego todas mis heridas a Ti. Gracias porque Tú las conoces y quieres transformarlas en fuerza, sabiduría y luz. Ayúdame a no fingir ni esconder lo que duele, sino a dejar que Tu Espíritu haga Su obra sanadora. Que cada herida se convierta en un testimonio de Tu fidelidad y amor. Amén.

### Versículo para meditar

*"El Señor sana a los quebrantados de corazón, y venda sus heridas" Salmo 147:3.*

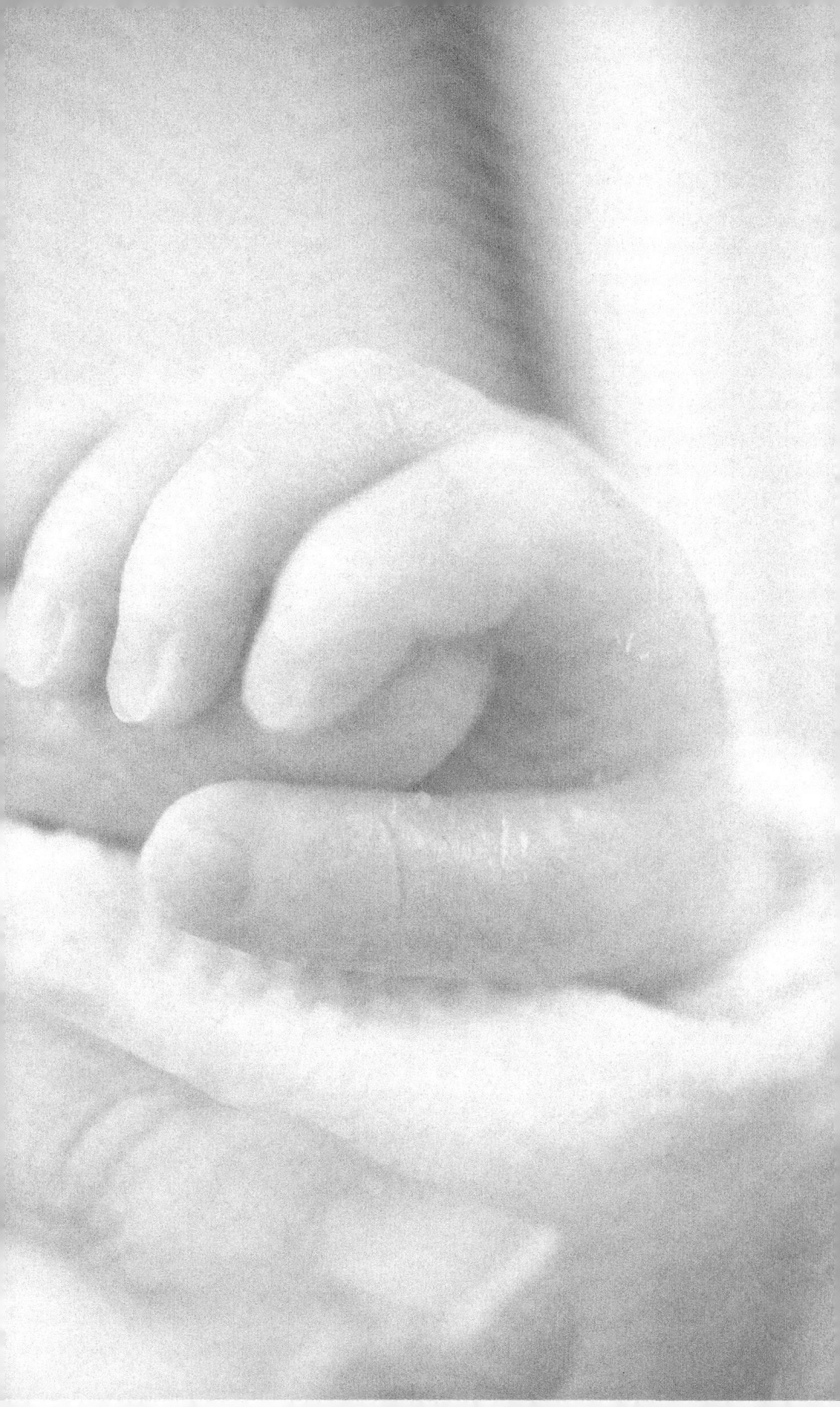

## Capítulo 8

## Nuestros criterios son oponentes

Dicen que los elefantes nunca olvidan y que su memoria tiene la capacidad de recordar con precisión tanto caminos, como rostros, voces y hasta eventos ocurridos muchos años atrás. Pero hay algo más: también recuerdan el dolor. Los cazadores saben que, si atrapan a un elefante bebé y lo atan con una cuerda, intentará liberarse una y otra vez, pero con el tiempo se rendirá. Aunque crezca y se convierta en una bestia poderosa capaz de arrancar árboles de raíz, seguirá creyendo que la cuerda que una vez lo ató aún tiene poder sobre él. No porque siga siendo débil, sino porque su mente quedó encadenada.

Así nos sucede a nosotros cuando nuestros criterios formados por el dolor, el miedo o la decepción se oponen a lo que Dios dice de nosotros. El enemigo trabaja en la mente como un cazador. No necesita atarnos físicamente si logra convencernos de que nuestras limitaciones son reales. Nos recuerda constantemente lo que fuimos, lo que hicimos, lo que nos hicieron, y nos hace creer que nunca podremos ser libres. Sin embargo, cuando la verdad de Dios entra, todo cambia.

En Cristo, lo que nos ató en el pasado pierde su poder. Lo que antes era una cuerda, ahora es solo un recuerdo sin fuerza. Lo que antes parecía imposible, ahora se vuelve posible porque nuestro criterio se somete al de Dios, y Su palabra rompe la mentira.

El elefante sigue creyendo que está atado porque no se ha dado cuenta de la fuerza que ahora tiene. Así mismo, muchas personas siguen caminando bajo pensamientos antiguos, sin notar que el Espíritu de Dios ya los liberó y otros ni tan siquiera se pueden dar cuenta de que el mismo Poder los persigue no para atarlos, sino para liberarlos.

Cuando nuestros criterios se oponen a los de Dios, vivimos como ese elefante: fuertes, pero limitados por pensamientos que ya no tienen autoridad. Cuando creemos lo que Dios dice, la cuerda se rompe. Ya no caminamos bajo el peso de la razón humana, sino bajo la libertad de Su verdad. Porque la mente que se rinde a Cristo deja de ser una cárcel, un opositor y se convierte en un templo donde habita su voluntad perfecta.

Desde el momento en que nacemos, somos influenciados por una sociedad que define lo que es aceptable, lo que es exitoso y lo que es digno de admiración. Aprendemos a medir nuestras decisiones con base en la lógica humana, en nuestras emociones y en lo que otros consideran correcto. Sin embargo, cuando nos acercamos a Dios descubrimos que muchas de nuestras convicciones están en total oposición a Su voluntad. Esto nos muestra que nuestros criterios, basados en nuestras experiencias, miedos y razonamientos, a menudo se oponen a los planes de Dios. Pensamos que el tiempo no es el adecuado o que el camino que Dios nos señala es imposible. Pero cuando nuestros pensamientos chocan con los pensamientos de Dios, siempre es nuestro criterio el que debe doblegarse, porque Él tiene la perspectiva eterna.

Dios ordenó tus días, tus pasos y preparó buenas obras para ti. Todo esto lo hizo antes de que te concibieran, no obstante, muchos de nuestros capítulos vividos no han sido a causa de lo escrito por Dios, sino consecuencias de decisiones erróneas, de la desobediencia y de vivir sujetos a nuestra voluntad y no a la voluntad del Padre *"Que es buena, perfecta y agradable" (Romanos 2:12).*

Nuestra humanidad siempre nos invitará a desviarnos de la voluntad divina, aunque lo que debamos hacer es justo alinearnos a ella. Nunca pongamos nuestros criterios por encima de la verdad que la irrefutable Palabra de Dios. *"Al principio, Dios creó los cielos y la tierra. La tierra no tenía forma, estaba vacía y la oscuridad cubría las aguas profundas; y el Espíritu de Dios se movía en el aire sobre la superficie de las aguas" (Génesis 1:1-2).*

En el silencio absoluto, antes de que existiera el tiempo, antes de que la luz hubiera tocado la oscuridad, todo estaba en espera. Un espacio vacío, donde el universo entero aún no había nacido. En ese instante, el Creador en Su infinita sabiduría, miró hacia lo profundo de la nada y comenzó a tejer un sueño en Su mente. No se escuchó sonido alguno, solo la quietud de un misterio sin resolver. Pero en lo profundo de esa quietud una chispa divina comenzó a moverse, tan pequeña como un suspiro, tan infinita como el amor mismo. Fue un movimiento invisible que solo el Creador pudo haber percibido, una vibración que marcaba el principio de todo. De esa chispa surgió la luz, no como un destello instantáneo, sino como una lenta expansión, un susurro de vida que comenzó a dar forma a lo que aún no existía. La tierra, el cielo, los mares, todo comenzó a tomar forma en una danza perfecta, como si todo estuviera siendo esculpido por manos invisibles, pero llenas de un propósito divino. Cada estrella, cada planeta, cada átomo que nacía era como una palabra susurrada en el oído del universo anunciando el inicio de algo asombroso.

Y en ese vasto, perfecto caos de creación la humanidad fue pensada. No como un accidente, sino como el final de una obra maestra, una pieza pensada desde el principio y creada con un propósito eterno. El Creador miró lo que había hecho y vio que era "muy bueno", pero sabía que el alma de Su creación estaba por nacer. Un alma que, aunque nacida de Su divinidad, llevaría consigo la capacidad de amar y elegir. De la nada a la vida, de la oscuridad a la luz, todo había nacido con un propósito eterno, y en ese momento, no solo el universo, sino también cada uno de nosotros comenzó a tomar forma en la mente y corazón del Creador.

Si es verdad que nuestros días y pasos fueron ordenados por Dios para cada uno de nosotros ¿por qué hay tantas personas sin rumbo y perdidas de sí mismos incluso dentro de lo que llamamos "Iglesia"? Será que no han llegado a tomar la forma correcta para salir de las aguas profundas donde siguen cubiertos por una gran oscuridad y el Espíritu de Dios solo ha podido moverse superficialmente sobre ellos, como en el principio.

Lo irónico de lo que llamamos "destino" es por lo que rara vez nos interesamos. Y pasando por desapercibido o con cierto desinterés a tan grande verdad andamos sin rumbo. Y si no entendemos o ignoramos el principio, nuestro final será uno significativo. Algunas veces ni siquiera se revela hasta después que morimos. Sí, después que morimos físicamente ya que nuestro cuerpo al polvo volverá, pero nuestra alma nunca morirá. Muchos creen que después de esta vida terrenal todo termina, pero la Palabra de Dios nos da un recordatorio.

*"Y de la manera que está establecido para los hombres que mueran una sola vez, y después de esto vendrá el gran juicio"* **(Hebreos 9: 27).**

Una vez que somos expuestos a la verdad, la seguimos, la atesoramos; nuestro ser irá a un reencuentro con los ojos de Jesús. Sin duda alguna vivimos tan deprisa en el sistema de este mundo y envueltos en tantas cosas que perdemos de vista donde debe estar fijada nuestra mirada. *"**Puestos los ojos en Jesús, el autor y consumador de la fe, el cual por el gozo puesto delante de Él sufrió la cruz, menospreciando el oprobio, y se sentó a la diestra del trono de Dios"* **(Hebreos 12:2).**

David tuvo espacios significativos los cuales le permitían volver en sí y darse cuenta de que su humanidad estaba envuelta en la sobrenaturalidad de Su Creador. Al mismo tiempo confrontó su espíritu y su alma con quien era Dios. Habrá momentos donde el dolor, la frustración, el miedo, las necesidades y los quebrantos nos llevarán a detenernos para poder recordar cuán importante fuimos, somos y seremos para Dios. El recordar esto debe ser continuo hasta que logremos zarpar de las profundidades que en ocasiones nos mantienen cautivos bajo oscuridad.

Estoy segura de que cada etapa vivida, aunque muchas de ellas no fueron anheladas, serán parte de una gran historia. Rindamos a Dios nuestro corazón. Rendirnos a Él significa abandonar nuestros criterios cuando se oponen a Dios. Esto no es fácil, porque implica confiar cuando no entendemos, obedecer cuando no vemos resultados inmediatos y seguir adelante cuando todo parece ir en contra. Sin embargo, cuando rendimos nuestros pensamientos y caminos a Dios, experimentamos Su paz y propósito. Su voluntad es buena, agradable y perfecta, aunque a veces no la comprendemos de inmediato.

Una de las lecciones más profundas que aprendí es que los criterios humanos no siempre coinciden con la verdad de Dios. Desde niña escuché opiniones, juicios y expectativas que intentaban definir quién debía ser. Sin embargo, pronto entendí que la verdad de mi corazón y el plan de Dios para mí no siempre coinciden con esas voces externas.

Los criterios humanos son limitados. A veces juzgan sin comprender, evalúan sin ver el alma y buscan conformidad donde solo debería haber libertad. Pero los criterios de Dios son distintos: eternos, perfectos, llenos de amor y justicia. Mientras otros intentaban encajarme en moldes que me asfixiaban, Él me mostraba un horizonte que nadie más podía ver. Aprender esto no fue fácil. Desaprender lo que otros nos han enseñado, especialmente cuando vienen de personas que amamos, requiere valentía y fe. Hay momentos en que debes elegir: vivir para satisfacer la aprobación humana o para cumplir la voluntad divina. Yo elegí a Dios.

Al tomar esa decisión, comencé a caminar con libertad. Dejé de lado la presión de ser lo que otros esperaban y empecé a descubrir quién realmente soy. Cada paso bajo Su mirada me fortalecía, me daba claridad y me enseñaba que mi valor no depende de la aceptación de otros, sino de Su amor inquebrantable. Si hoy te encuentras atrapado en expectativas ajenas, recuerda: tu corazón fue formado por Dios, y solo Él tiene la autoridad para definir tu vida. Aprender a vivir bajo Sus criterios transforma la confusión en certeza, el miedo en confianza y la duda en claridad.

Dios nos llama a vivir bajo Su perspectiva, no la nuestra. Su propósito para nuestras vidas ya está establecido, pero muchas veces es nuestra propia manera de pensar la que se convierte en el mayor obstáculo. ¿Estás dispuesto a rendir tu criterio ante Dios? ¿A confiar en que Su camino es mejor, incluso cuando no tiene sentido para ti? El despliegue de nuestro destino en Dios, comienza cuando decidimos dejar de luchar contra Su voluntad y rendirnos a Su sabiduría. Solo cuando nos alineamos con Sus pensamientos podemos vivir en la plenitud de Su propósito. ¡No nos opongamos!

**Espacio para encontrar en Dios la paternidad que tal vez nunca recibiste**

La ausencia de un padre puede dejar huellas profundas: sentimientos de abandono, vacío de seguridad o falta de guía. Pero Dios, nuestro Padre Celestial, promete ser todo lo que necesitamos, llenar los vacíos y sanar las heridas de la orfandad emocional. Hoy es tiempo de mirar tu historia con Sus ojos y dejar que Su amor te abrace como nunca antes.

Cierra los ojos, respira profundo y ora: Señor, ven a mi corazón y sé el Padre que tanto he necesitado.

**Preguntas para reflexionar:**

1. ¿Cómo ha afectado en ti la ausencia o la distancia de tu padre?

_____
_____
_____
_____

2. ¿Qué emociones o creencias formaste sobre ti misma a raíz de esa carencia?

_____
_____
_____

3. ¿Qué cualidades de Dios como Padre quieres empezar a recibir hoy en tu vida?
_____
_____
_____
_____

4. ¿Qué decisiones puedes tomar para dejar atrás la necesidad de aprobación humana y comenzar a recibir la validación y amor de Dios?
_____
_____
_____
_____

5. Escribe una afirmación de fe que te recuerde tu identidad como hija amada de Dios: Por ejemplo: "Aunque faltó un padre humano, mi Padre celestial me ama y me protege".
_____
_____
_____
_____

**Notas del alma:** Escribe lo que el Espíritu Santo te muestre: oración, palabras de sanidad o promesas para tu vida.
_____
_____
_____
_____
_____
_____
_____
_____

### Oración final

Padre eterno, gracias porque Tú eres mi Padre completo y perfecto. Sana las heridas de la ausencia humana y lléname con Tu amor y cuidado. Que cada vacío sea reemplazado por Tu presencia, y que pueda caminar seguro, confiando en que soy Tu hija, hijo, visto, amado y protegido por Ti. Amén.

### Versículo para meditar

*"Así como un padre se compadece de sus hijos, así se compadece Jehová de los que le temen" Salmo 103:13.*

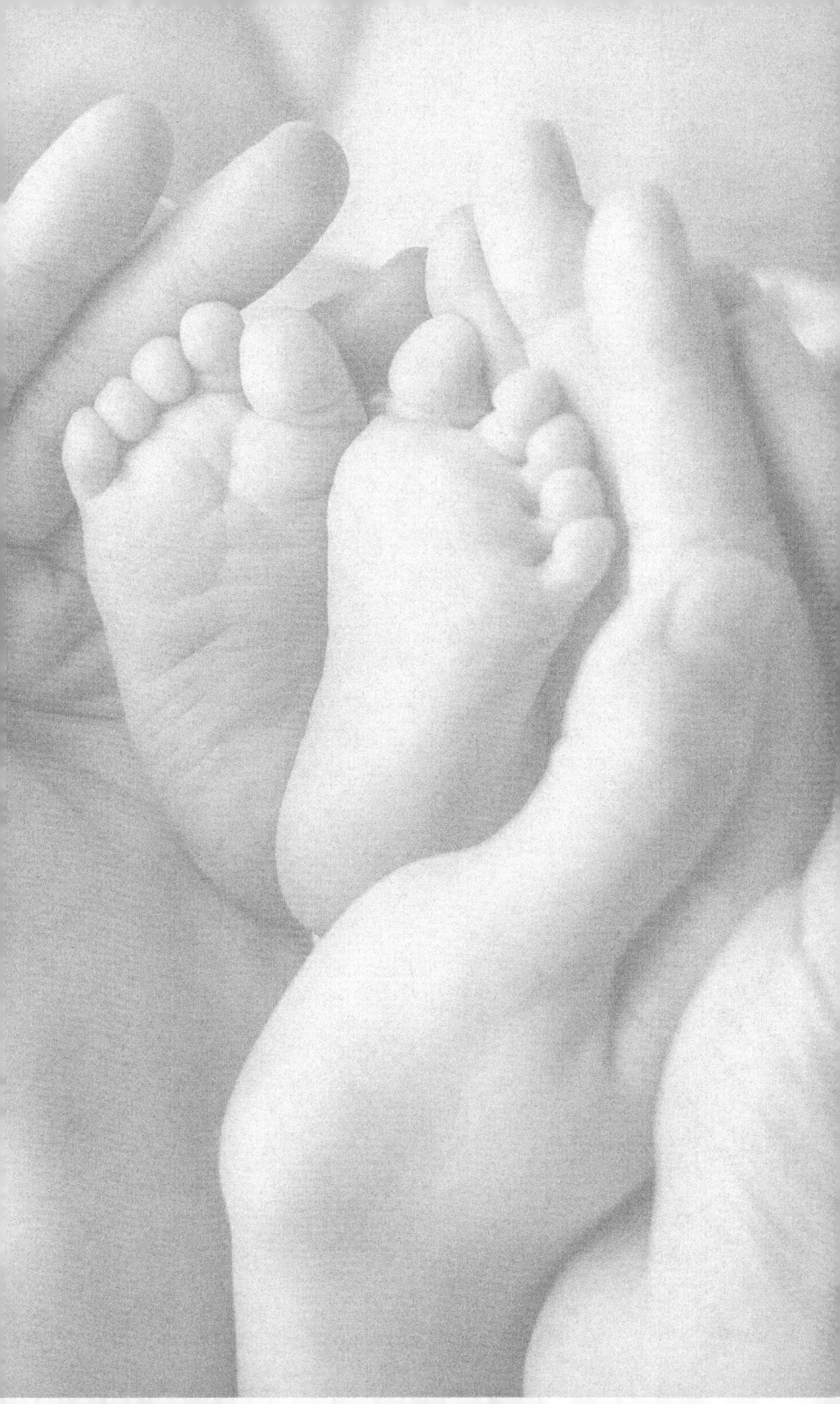

## Capítulo 9
# Vendar nuestras heridas no es opcional

**"***El Señor restaura a los de corazón quebrantado y cubre con vendas sus heridas" (Salmos 147:3).* La sanidad interior es el proceso mediante el cual una persona es sanada de heridas que repercutieron en traumas por situaciones del pasado. No necesariamente tuvo que vivir cosas terribles, a veces situaciones simples marcan la vida de cualquier ser humano. El Dr. Thomas Verny, psiquiatra experto en el tema, plantea que el niño aún no nacido es un ser consciente que siente y recuerda todo cuanto ocurra durante el período de gestación. Esto va moldeando y formando la personalidad, los impulsos y sus pensamientos de manera significativa.

Según nuevos y alentadores estudios, el niño intrauterino (dentro del útero) sería sensible a matices emocionales excepcionalmente sutiles. Puede sentir y reaccionar no solo ante emociones amplias e indiferenciadas como el amor y el odio, sino también ante complejos estados afectivos más matizados.

*"En aquellos días, levantándose María, fue de prisa a la montaña, a una ciudad de Judá; y entró en casa de Zacarías, y saludó a Elisabet. Y aconteció que cuando oyó Elisabet la salutación de María, la criatura saltó en su vien-*

*tre; y Elisabet fue llena del Espíritu Santo, y exclamó a gran voz, y dijo: Bendita tú entre las mujeres, y bendito el fruto de tu vientre. ¿Por qué se me concede esto a mí, que la madre de mi Señor venga a mí? Porque tan pronto como llegó la voz de tu salutación a mis oídos, la criatura saltó de alegría en mi vientre. Y bienaventurada la que creyó, porque se cumplirá lo que le fue dicho de parte del Señor".*

Una vez más observamos la ciencia avalando la verdad de Dios. ¿Podrá alguien que ha sido profundamente herido ser sanado? ¿Puede ser sanado su espíritu y su alma? ¿Puede volver a amar y confiar aun cuando esas heridas hayan venido de alguien que amaba? ¡Sí! Si estás viviendo con un alma herida, rota, si se siente desechado y malentendido, es mi responsabilidad compartirte que no tienes que permanecer en ese estado. Las heridas en el alma por daños del pasado y las que pudieran ser causadas en el presente o en el futuro, no tienen por qué hacer residencia permanente en ti, su plan es ese, pero el nuestro es tratarlos con la urgencia que amerita hasta lograr una sanidad no perecedera.

Es cierto que nunca olvidaremos, pero eso realmente es irrelevante, pues una vez sanemos, dichos recuerdos se convertirán en testigo fiel de que, aunque estuvimos sumergidos en grandes naufragios de dolor, pudimos salir a la orilla y sacudirnos de las aguas profundas que querían ahogar nuestro ser. He tenido que reconocer que cada herida causada a mi persona se ha convertido en el trampolín para ser quien soy hoy y que antes nunca fui.

En cierta ocasión, una persona cercana a mí me preguntó ¿por qué tu Dios si es tan bueno permite que a ciertas personas le ocurran tantas cosas terribles y dolorosas? Lo que esa persona desconocía era que ese fue mi pensar por muchos años. Escuchar hablar de un Dios tan bueno y del cual hacían referencia como un padre amoroso, justo, fiel y protector me causaba cierta repugnancia, pues no coincidía en lo absoluto con lo que yo conocía como figura paterna. Por tal motivo, no podía entender cómo alguien que no veía podía ser capaz de ser tan bueno, si quien debía serlo era incapaz de completar esos "requisitos". Mi conclusión a dicha pregunta es y siempre será que operamos bajo una humanidad caída y es justo esto lo que en ocasiones deja muy claro por qué ocurren tantos acontecimientos terribles.

"Una imagen distorsionada de nuestros padres biológicos nos hará tener un pensamiento erróneo y sumamente lejano de quién es Dios verdaderamente". El conocer la verdad de todas las cosas, que en su esencia es Jesús mismo, y hacer entrada a Su Palabra, nos derriba las fortalezas que se habían convertido en tinieblas hacia Su persona, pues Su Palabra es el consentimiento para penetrar hasta nuestros tuétanos y cambiar lo que cualquier persona creía y dispuso para nuestras vidas. Claro está, dicho consentimiento estará a nuestra merced. La Palabra de Dios es la defensa perfecta a la que podemos enfrentar nuestros argumentos.

Entendí que el hombre que es capaz de dañar a alguien más, lo hace a raíz de que no ha conocido la verdad, no ha sido expuesto a la realidad de quién es Dios y Su capacidad de atesorar Su mayor creación que somos tú y yo. "La maldad es el resultado del desconocimiento de la verdad".

Esto no se trata de vendar nuestras heridas, sino de sanarlas. Durante años cargué cicatrices emocionales que me definían. Pensaba que eran parte de mí, que debía convivir con ellas y aceptarlas como destino inevitable. Pero Dios me enseñó algo poderoso: las heridas no son para permanecer abiertas, sino para ser sanadas. La venda simboliza cuidado, protección y recuperación. No es un acto de ocultar el dolor; es un acto de amor y de esperanza. Cada herida que entregamos a Él puede ser transformada, cada lágrima puede ser convertida en fuerza.

Aprendí a reconocer mis heridas y a ponerlas en Sus manos. Fue un proceso lento, pero profundo. La sanidad no es instantánea, no es mágica, pero cada paso hacia ella nos acerca más a la plenitud que Dios promete. No hay prisas, no hay presión; solo la certeza de que Su amor puede restaurar lo que parecía irremediable. Cuando entendí esto, comprendí que no somos nuestras cicatrices. No somos el dolor que hemos sufrido, sino los que podemos llegar a ser en las manos de Dios. Y cada vez que lo permito, cada vez que confío, Él transforma mi pasado en una historia de fortaleza, libertad y propósito.

Quien sabe el valor de un regalo no se fija en lo costoso que es, sino en la intención de brindar dicho detalle. ¿Alguna vez te has puesto a pensar por qué se nos dejó escrita la Biblia y todo su contenido? ¿Alguna vez te has puesto a pensar cuál es su intención? Sin duda alguna me atrevo a decirte que es el regalo más valioso que he podido tener entre mis manos. Su intención va mucho más allá que cualquier escrito, mucho más allá. *"La palabra de Dios es viva y eficaz, y más cortante que toda espada de dos filos; y penetra hasta partir el alma y el espíritu, las coyunturas y los tuétanos, y discierne los pensamientos y las intenciones del corazón"* **(Hebreos 4:12).** Acude a ella y permítete tener las intenciones correctas ante tan grande verdad, serás completamente libre.

Cuando entendí esto, comprendí que no somos nuestras cicatrices. No somos el dolor que hemos sufrido, sino los que podemos llegar a ser en las manos de Dios. Y cada vez que lo permito, cada vez que confío, Él transforma mi pasado en una historia de fortaleza, libertad y propósito.

## Espacio para reconocer cadenas invisibles y permitir que Dios te libere

Las telarañas son casi imperceptibles. Se construyen hilo por hilo, hasta que lo que parece débil y frágil se convierte en una trampa poderosa. Así son también muchas de las cadenas que nos atrapan: palabras que creímos, pecados que toleramos, relaciones que nos hieren, miedos que alimentamos sin darnos cuenta quedamos enredados.

Pero hay una verdad que corta toda telaraña: Jesús vino a deshacer las obras del enemigo y traer libertad a los cautivos. Hoy es tiempo de mirar con honestidad y dejar que Su luz ilumine los hilos que te mantienen atado. Cierra los ojos, respira profundo y ora: Señor, muéstrame las telarañas invisibles en las que he caído y dame la valentía de salir.

**Preguntas para reflexionar:**

1. ¿Qué situaciones, pensamientos o relaciones sientes que te han ido atrapando poco a poco?
_____
_____
_____
_____

2. ¿En qué áreas de tu vida has normalizado comportamientos o ideas que en realidad te atan?
_____
_____

3. ¿Qué miedos, vergüenzas o pecados mantienen tu alma inmóvil como en una red?

4. ¿Qué pasos prácticos puedes tomar hoy para salir de esa "telaraña" y caminar en libertad?

5. Escribe una afirmación de fe que rompa el poder de esas ataduras en tu mente. Por ejemplo: "Cristo me hizo libre. Ninguna cadena me retiene, su verdad me sostiene".

**Notas del alma:** Escribe lo que el Espíritu Santo te muestre: verdades reveladas, pasos a dar, nombres de personas o hábitos que necesitas soltar.

### Oración final

Señor Jesús, gracias porque Tú entras en las telarañas de mi vida, porque no me juzgas ni me rechazas, sino que me liberas. Hoy me levanto en Tu poder y decido romper cada atadura, cada pensamiento y cada relación que me impide avanzar. Que Tu luz disuelva toda oscuridad y me permita caminar en la libertad para la que fui creado. Amén.

### Versículo para meditar

*"Para libertad fue que Cristo nos hizo libres; por tanto, permaneced firmes y no os sometáis otra vez al yugo de esclavitud" Gálatas 5:1.*

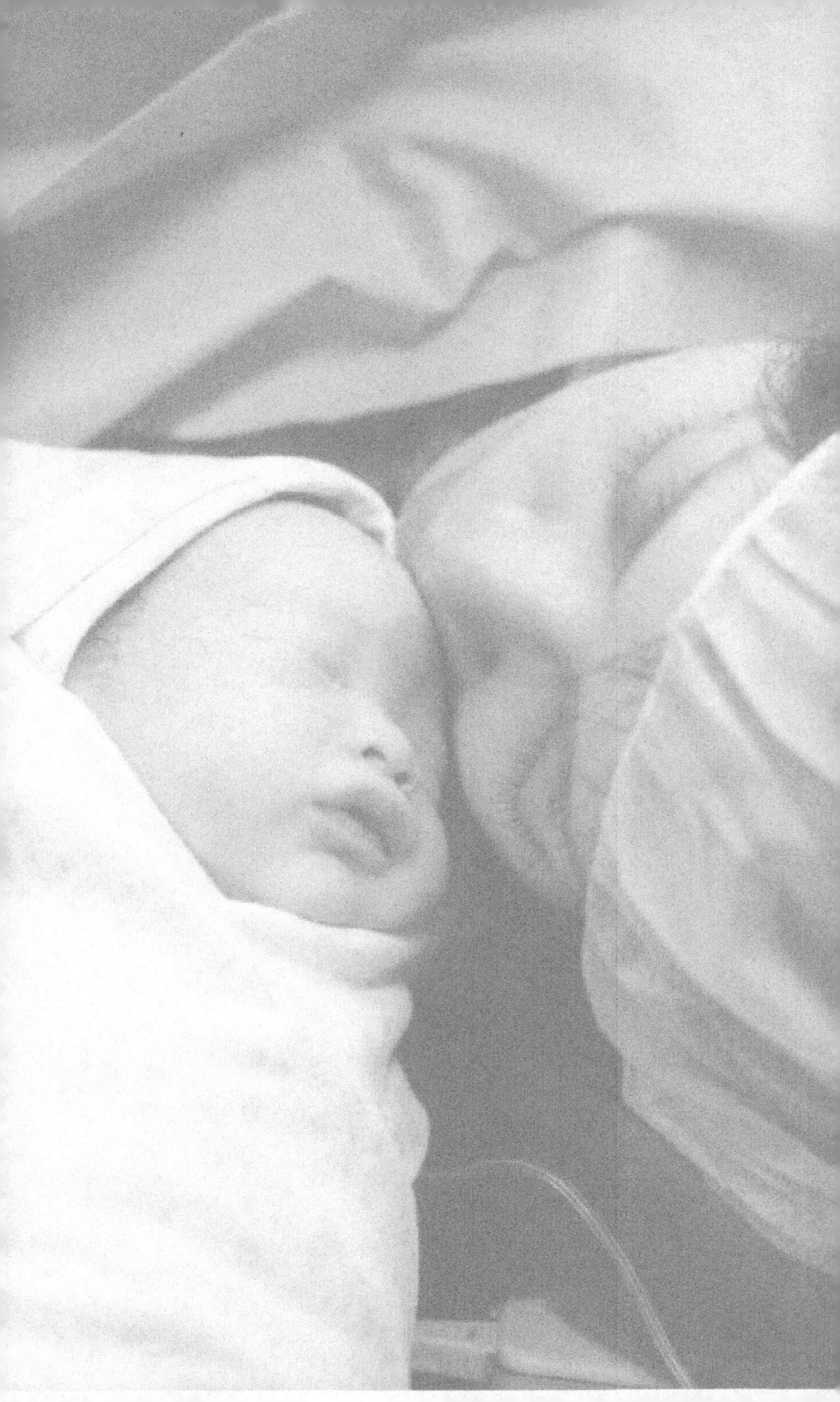

# Capítulo 10
# Carentes de paternidad

La figura del padre es fundamental en la vida de cualquier ser humano. Su presencia o ausencia, sus palabras o silencio, su amor o indiferencia marcan el alma de un niño. Sin embargo, aunque su rol es determinante, no es definitivo. No define nuestro destino. Hay una verdad más profunda que trasciende la paternidad terrenal: la paternidad de Dios.

Siempre me ha impactado el versículo bíblico que se encuentra en Mateo 19:14: *"Pero Jesús dijo: «Dejad que los niños vengan a mí, y no se lo impidáis; porque de los tales es el reino de los cielos»"*. Este versículo nos muestra algo crucial: hay fuerzas que intentan impedir que los niños se acerquen a Jesús. ¿Y qué pasa si un niño no tiene quién lo guíe hacia Él? La infancia es una etapa de absoluta dependencia. Cuando un niño no recibe amor, seguridad y dirección, crece con una identidad fracturada. No obstante, Jesús dejó claro que los niños deben llegar a Él, porque en Su presencia hay restauración, verdad y destino. Como niños somos capaces de creer, somos capaces de amar y, es por esto y mucho más, que es completamente necesario dejar que los niños se acerquen a la pureza de Jesús. Solo así, lograremos tratar con adultos capaces de creer y amar desde una perspectiva correcta.

Cuando desconocemos de donde provenimos nos acomodamos a cualquier circunstancia. Esto traerá secuelas a nuestras vidas. Es por eso por lo que es necesario dejar que los niños se acerquen a Jesús, y si ya eres un adulto es el momento oportuno para hacerlo. Estarás expuesto a un amor jamás vivido. ¡Acércate, es el momento!

Recuerdo cuando en un conversatorio con mi mamá le pregunté si había sido planificada. Su respuesta fue muy vaga y casi indiferente: "Después de algunos años y de mi quinto embarazo naciste tú". En esas palabras entendí una verdad que mi corazón ya imaginaba: no fui anhelada, ni planificada. Simplemente llegué, fui la sexta y última en nacer en mi hogar, uno hogar disfuncional, marcado por la carencia y la distorsión.

Desde mi infancia conocí lo que era vivir con necesidades, no solo materiales, sino también emocionales. Cuando un niño crece con vacíos en su alma, esos vacíos producen grietas que tarde o temprano amenazarán con derrumbar su vida. Es como construir una casa al borde de un precipicio o levantar un muro con arena: tarde o temprano se desplomará. Pero lo que no sabía era que muchas veces cuando la vida nos ha golpeado es porque Dios está preparando el terreno para algo mayor y todo lo que sea construido por Él jamás se derrumbará.

Crecer sin un padre presente deja huellas profundas. No son solo recuerdos ausentes; son vacíos que gritan en silencio, espacios que nadie puede llenar por nosotros. La ausencia puede sentirse como un eco constante, una sombra que acompaña cada decisión, cada relación y cada intento de confiar. Intentamos llenar esos vacíos con personas, logros o cosas, pero nada alcanza. La búsqueda se vuelve un camino sinuoso: lo que creemos que nos dará paz, nos deja más sedientos; lo que creemos que nos completará, nos recuerda que algo falta. Fue entonces cuando Dios me mostró que Él puede ser el Padre que siempre estuvo ausente. Su amor no falla, Su mirada no se aparta, y Su abrazo está disponible, aunque el mundo nos haya dado la espalda. Él no reemplaza la ausencia; la trasciende y la sana.

Comprendí que los vacíos no están para permanecer vacíos, sino para que Su amor los llene. Aprendí que ser huérfanos en la tierra no significa ser huérfanos en el cielo. Cada lágrima, cada sentimiento de abandono, cada herida que pensé irreparable, puede transformarse en un lugar donde Dios coloca Su luz, Su cuidado y Su propósito.

Hoy puedo decir que la soledad que sentí no fue en vano. Me enseñó a mirar hacia lo alto, a buscar al Padre verdadero, y a reconocer que Su presencia puede restaurar todo lo que creí perdido. No hay ausencia que Su amor no pueda suplir; no hay vacío que Su gracia no pueda llenar. Y cada paso que damos hacia Él, aunque pequeño, nos acerca más a la plenitud que solo un Padre eterno puede dar.

El enemigo de nuestras almas conoce algo que muchos de nosotros ignoramos: fuimos planificados por Dios antes de nacer. Por eso su mayor estrategia es alejarnos de esta verdad. Su meta es hacernos creer que somos un accidente que nadie esperaba, que no tenemos valor. Pero la verdad de Dios grita algo completamente diferente. Efesios 1 declara: *"Nos escogió en Él antes de la fundación del mundo, para que fuésemos santos y sin mancha delante de Él, en amor habiéndonos predestinado para ser adoptados hijos suyos".* ¡Esta poderosa verdad la hemos ignorado por mucho tiempo! Esta es capaz de alumbrar la más terrible oscuridad. Lo hizo y también tiene el poder en sí misma de lograrlo en ti. Reconocí y pude aceptar que fui escogida desde antes de la fundación del mundo y que no fui un desliz después de un quinto embarazo. Fui un embrión con propósito. Y no solo con propósito, sino con una identidad completa en Dios. No vine a este mundo con carencias espirituales ni emocionales, porque el Padre ya me había bendecido con toda bendición espiritual antes de que ni siquiera tuviera forma en el vientre de mi madre.

Fui creada en el amor de Dios que es perfecto, puro y sin manchas. Pase de ser solo una creación a ser hija y ser hija no es algo que se gana con esfuerzo, no se estudia, no se hereda por cultura o clase social. Ser hija es una verdad que solo se acepta o se rechaza. Por mucho tiempo cargué con el peso de lo que me faltaba, pero hoy sé que Dios no solo me restauró, sino que me dio una nueva identidad. No puedo cambiar mi pasado, pero sí puedo decidir que haré con él. Hoy quiero hacerte una pregunta: ¿Vale la pena estar cargando un equipaje que no aporta nada bueno a tu vida? El pasado no sanado se convierte en una prisión. Nos deja atrapados en ciclos de frustración, inseguridad y dolor. Es capaz de enterrar nuestros sueños, nuestros anhelos y, lo más peligroso de todo, el propósito para el cual fuimos creados. No obstante, hay una salida. La misma verdad que me liberó puede liberarte a ti: tú no eres el resultado de las decisiones de otros, sino del amor y la intención de Dios.

Hoy quiero invitarte a soltar ese peso. A acercarte a Jesús, como un niño que confía y dejar que Él te muestre tu verdadero origen y valor. Aunque la tierra haya dicho que no había lugar para ti, el cielo siempre tuvo un espacio preparado con tu nombre.

## Espacio para perdonar y caminar en libertad

A veces cargamos heridas que creemos que nunca podremos soltar. La ofensa, el rencor y la falta de perdón se convierten en cadenas invisibles que frenan nuestro crecimiento y nuestro encuentro con Dios.

Pero Jesús nos recuerda que perdonar no es solo liberar al otro, sino liberarnos a nosotros mismos. Hoy, el Espíritu Santo quiere guiar tu corazón a dejar ir, a entregar el dolor y a caminar en la paz que solo Él da.

Cierra los ojos, respira profundo y ora: Señor, dame la fuerza para perdonar y la libertad para sanar mi corazón.

**Preguntas para reflexionar:**

1. ¿Hay personas en tu vida a las que aún no has perdonado? ¿Qué emociones sientes al pensar en ellas?

___

___

___

___

2. ¿Qué heridas te estás causando al retener rencor o amargura?

___

___

___

___

3. ¿Cómo cambiaría tu vida si decidieras perdonar de corazón, sin condiciones ni expectativas?

___

___

4. ¿Qué palabras, acciones o actitudes necesitas entregar hoy a Dios para que Él sane tu corazón?

5. Escribe una afirmación de fe que te recuerde tu libertad en Cristo. Por ejemplo: "El perdón me libera. Su amor transforma mi dolor en paz y alegría".

**Notas del alma:** Escribe lo que el Espíritu Santo te muestre: oración, nombres, situaciones o promesas que quieras entregar.

### Oración final

Señor Jesús, hoy entrego todo resentimiento, amargura y dolor. Gracias porque Tu perdón me da libertad y Tu amor restaura lo que estaba herido. Ayúdame a perdonar con corazón sincero, a liberar a los demás y a mí mismo, y a caminar en la paz que solo Tú puedes dar. Amén.

### Versículo para meditar

*"Soportaos unos a otros, y perdonaos unos a otros, si alguno tiene queja contra otro; de la manera que Cristo os perdonó, así también hacedlo vosotros"* Colosenses 3:13.

## Capítulo 11

## Enredados en una telaraña

¿Alguna vez has caminado distraído y de pronto has sentido la seda pegajosa de una telaraña rozar tu rostro? Es una sensación incómoda, casi invasiva. Instintivamente intentas librarte de ella, pero aunque ya la hayas quitado, aún sientes algo adherido a tu piel. Así es la falta de perdón: invisible, persistente, y a veces, más cerca de nosotros de lo que creemos.

Las telas de araña son casi perfectas. Transparentes, delicadas y, a la vez, increíblemente fuertes. A la luz parecen joyas suspendidas en el aire, pero su belleza encierra una trampa. La araña produce una seda líquida que, al contacto con el aire, se solidifica, convirtiéndose en una red diseñada para capturar. Lo que parecía leve se vuelve una prisión.

Así también opera el pasado no sanado. Heridas, palabras o silencios que parecían pasajeros se endurecen con el tiempo, y sin notarlo, tejemos con ellos una red alrededor de nuestro corazón. Cada hilo lleva una historia: una decepción, una traición, una pérdida. Hasta que un día comprendemos que no somos las víctimas atrapadas, sino los tejedores de nuestra propia telaraña emocional. El perdón es el soplo que rompe esos hilos. No nace del esfuerzo humano, sino del Espíritu que hace nuevas todas las cosas. *"**No con ejército, ni con*** *fuerza, sino con mi Espíritu, ha dicho Jehová de los ejércitos"* Zacarías 4:6.

Cuando tratamos de romper la red por cuenta propia, nos enredamos más. Pero cuando dejamos que Dios sople sobre nuestra alma, la seda que nos sujetaba se disuelve. El perdón no es un acto de debilidad, sino de renacimiento. Es el momento en que permitimos que Dios ponga Su mano sobre lo que creíamos intocable. Porque solo quien nos vio desde el principio cuando aún éramos embrión puede ver lo que en nosotros aún está por formarse. *"Mirad bien, no sea que alguno deje de alcanzar la gracia de Dios; que brotando alguna raíz de amargura, os estorbe, y por ella muchos sean contaminados"* Hebreos 12:15.

La amargura no solo detiene el crecimiento, también deforma lo que está siendo formado. Si el alma se endurece, la vida deja de fluir con libertad. Por eso, perdonar no es olvidar lo ocurrido, sino liberar el espacio donde Dios quiere seguir creando. Cada acto de perdón es un hilo que se corta para que algo nuevo pueda tejerse. Dios no desecha lo que duele; lo rediseña. Lo toma en Sus manos y lo transforma en parte del propósito.

La telaraña, símbolo de lo que nos retiene, también puede convertirse en símbolo de lo que nos recuerda que ya no estamos atrapados. Porque cuando el Espíritu sopla sobre la red, lo que antes era prisión se vuelve testimonio. Y lo que antes era oscuridad, ahora brilla con la luz del que nos vio incluso antes de ser formados. Perdonar es permitirle al Creador continuar Su obra. Romper la telaraña es abrir espacio para la vida. Y dejar que Él restaure es regresar al diseño original: libres, amados y vistos.

El perdón tiene un efecto positivo en forma bidireccional. Su efectividad es para quien lo otorga como para quien lo recibe. Es una decisión y este no debe ser forzado, sin embargo, es un mandato que está escrito. Cada uno tiene una experiencia peculiar en el proceso de perdonar. No se entiende la profundidad y la plenitud que se alcanza al perdonar hasta no vivirlo personalmente, parece ser sumamente complicado, pero en realidad no lo es. ¡El perdón produce restauración! *"Mirad bien, no sea que alguno deje de alcanzar la gracia de Dios; que brotando alguna raíz de amargura, os estorbe, y por ella muchos sean contaminados" (Hebreos 12:15).*

Cuando miramos a la luz de la palabra las ventajas y desventajas que tiene la falta de perdón, queda establecido un gran peso en nuestras manos. No dice que solo nos perjudica a nosotros, sino también a los que están expuestos a nuestra persona, ellos son juntamente contaminados. Te imaginas no solo cargar con un peso de falta de perdón, sino también con la contaminación que produce en otras personas. ¡Esto sí es un gran peso!

Reconozco que la decisión de perdonar no es fácil, sobre todo cuando no se ha producido el reconocimiento de quien nos lastimó, pero es la única manera de seguir adelante. La mejor ruta es la que produce la restauración de nuestra alma y esa es la senda del perdón. Si tomamos el camino de atarnos al dolor de lo que nos han hecho, esa amargura echará raíces en nuestra alma. A su tiempo, esa raíz brotará y no solamente nos causará daño a nosotros, sino también a los que nos rodean. ¡Liberémonos y liberémoslos! La falta de perdón es un pozo de desesperación y el único capaz de ayudarnos a salir de allí es Dios junto a una decisión libre y voluntaria de parte nuestra.

El perdón no es un regalo para quienes nos han herido, sino un rescate para nuestro propio corazón. Durante años cargué rencores, resentimientos y recuerdos que me mantenían encadenada al pasado, como si cada pensamiento sobre lo que me hicieron fuese una piedra que sostenía mi prisión emocional lo cual era la presencia que me arropaba hasta que choqué con la contundente verdad que quería ponerme las verdaderas vestiduras.

Aprendí que perdonar no significa justificar lo injustificable, ni negar el dolor que se sufrió. Perdonar es entregar nuestra herida a Dios, permitir que Él tome lo que nos duele y transforme la amargura en libertad. Cada acto de perdón es un paso hacia la paz interior, un espacio donde la gracia puede florecer y el corazón comienza a sanar. Allí es que somos verdaderamente arropados por la presencia que sana y trae libertad.

Perdonar no borra la memoria, pero sí rompe la cadena que nos ata al daño. Cada vez que entregamos una herida a Dios, sentimos como un peso invisible se aligera, cómo la luz puede entrar donde antes solo había sombras. Se puede sentir el despojo de las ropas viejas y se alivia el peso que traen ellas. Y aunque el proceso puede ser lento, cada paso cuenta. Cada decisión de soltar el rencor es un paso hacia la vida plena que Dios nos promete. Pues Dios prometió darnos una vida llena de su plenitud.

Hoy puedo decir con certeza que perdonar me ha hecho libre. Perdonar me quitó aquellas capas de ropas viejas. El amor verdadero no se mide por lo que recibimos, sino por lo que dejamos ir para poder vivir plenamente. No es un camino fácil, pero es el camino que transforma la tristeza en alegría, la ira en paz y el pasado en historia de sanidad. Cada perdón que das es un regalo que te haces a ti mismo, una semilla de esperanza que Dios cuida para que florezca en tu vida.

Alguna vez has visto cómo alguien llamado restaurador de cosas toma en sus manos algo viejo y le da esencia de nuevo. Así como un restaurador necesita de diversos pasos para poder lograr un cambio en algo, de la misma manera ocurre con Dios y nosotros. Él requiere de nuestra disposición y voluntad para lograr algo nuevo en nosotros. Si no hay respuesta de nuestra parte será muy poco o nada lo que ocurrirá. Él es fiel, Justo e incapaz de trastocar Su voluntad imponiéndose sobre la nuestra. En este caso ya el restaurador está dispuesto y presente, falta nuestra voluntad para poder hacer algo nuevo de lo viejo y descartado.

**Espacio para descansar en la presencia de Dios**

A veces la vida nos deja cansados, heridos o llenos de incertidumbre. Pero Dios nos invita a entrar en Su presencia, donde no hay temor, ni juicio, ni vacío, solo amor, paz y refugio. Hoy, puedes cerrar tus ojos y permitir que Su Espíritu te arrope, te consuele y te fortalezca, recordándote que no caminas solo y que Su presencia transforma tu interior.

Respira profundo y ora: Señor, arropa mi corazón con Tu presencia y lléname de Tu paz.

**Preguntas para reflexionar:**

1. ¿Qué áreas de tu vida necesitan sentir la seguridad y el consuelo de la presencia de Dios?

_____
_____
_____

2. ¿Cuándo fue la última vez que sentiste Su presencia de manera tangible? ¿Qué emociones o pensamientos te llenaron?
_____
_____
_____
_____

3. ¿Qué obstáculos te impiden hoy descansar plenamente en Él?
_____
_____
_____
_____

4. ¿Cómo puedes abrir tu corazón más plenamente para ser arropada por Su amor y cuidado?
_____
_____
_____
_____

5. Escribe una afirmación de fe que te recuerde la seguridad en Su presencia. Por ejemplo: "En la presencia de Dios encuentro descanso, paz y refugio".
_____
_____
_____
_____

**Notas del alma:** Escribe lo que el Espíritu Santo te muestre: palabras, consuelo, revelaciones o promesas para tu vida.
_____
_____
_____

## Oración final

Padre amado, gracias porque me arropas con Tu presencia aun en mis momentos de cansancio, dolor o miedo. Que Tu Espíritu me envuelva y me dé paz, consuelo y fortaleza. Ayúdame a permanecer cerca de Ti, a escuchar Tu voz y a descansar en Tu amor eterno. Amén.

## Versículo para meditar

*"Porque donde están dos o tres congregados en mi nombre, allí estoy yo en medio de ellos" Mateo 18:20.*

# Capítulo 12
## Arropados por Su presencia

Hay un momento en la vida de la oruga en el que todo cambia. Después de arrastrarse por la tierra, se esconde dentro de un capullo y entra en una fase oscura, silenciosa y aparentemente inerte. Desde afuera, parece que no hay vida, que todo terminó. Pero en lo oculto, en la soledad de ese capullo, se está llevando a cabo un milagro. Así es el proceso de sanidad. Muchas veces, después de años de dolor, abuso, rechazo o abandono, sentimos que no queda nada dentro de nosotros. Nos encerramos en una cárcel emocional creyendo que nunca saldremos de ahí. El miedo nos paraliza, el pasado nos ata y la incertidumbre nos consume. Pero Dios, como el Creador que es, nunca nos deja en ese estado.

Dentro del capullo, la oruga se desintegra completamente, su cuerpo se rompe para dar lugar a algo nuevo. No es solo un cambio superficial; es una transformación total. Así sucede con el alma herida. Dios no quiere maquillar el dolor, quiere renovarnos por completo. Quiere cambiar nuestras heridas por cicatrices que cuenten una historia de redención. Cuando llega el momento, la mariposa comienza a luchar para salir. El capullo que la protegió ahora parece ser su prisión. Quiere extender sus alas, pero no puede. Tiene que empujar, luchar, esforzarse. Y aquí está el detalle más importante: si alguien intenta ayudarla a salir rompiendo el capullo, la mariposa nunca podrá volar porque su lucha fortalece sus alas y la resistencia desarrolla su capacidad de volar. Muchos anhelamos ser libres, pero queremos evitar el proceso. Queremos que la sanidad sea instantánea, sin dolor y sin lucha. Pero Dios nos permite atravesar el proceso porque sabe que en esa lucha nuestras alas se fortalecen. Nos está preparando para volar.

Cuando la mariposa finalmente sale, su forma de vida ha cambiado por completo. Lo que antes la ataba a la tierra ya no la limita. Lo que fue su cárcel ahora es solo parte de su historia. Y así es con cada persona que se deja transformar por Dios: lo que antes nos arrastraba, nos mantenía en tinieblas y nos hacía sentir atrapados, se convierte en testimonio de Su poder. No temas el proceso. No te resistas al capullo. Dios no te ha abandonado, Él te está transformando. Y cuando llegue el momento extenderás tus alas y volarás en la libertad que solo Él puede dar.

Es imposible huir de la presencia de Dios. Es una verdad que resuena en lo más profundo de nuestro ser, y que, a veces, queremos ignorar cuando las sombras del pasado nos acechan. Sin embargo, hoy quiero que lo entiendas con todo tu ser: no importa cuán lejos te hayas ido o cuánto hayas corrido para escapar de la verdad o del dolor, la presencia de Dios no solo te sigue, sino que te envuelve con un amor que no puedes eludir. El salmista David, en su dolor y en su búsqueda de respuestas, exclamó con una profunda revelación: "**¿A dónde huiré de tu presencia? ¿A dónde escaparé de tu Espíritu? Si subo a los cielos, allí estás; si en el abismo hago mi cama, he aquí, tú estás**" (Salmo 139:7-8).

David entendió que no había refugio o rincón en el vasto universo donde pudiera esconderse de la mirada amorosa de Su Creador. Hoy, tal vez tú sientes que has corrido y que te has escondido en los lugares más oscuros de tu alma tratando de evitar la confrontación con tu dolor y con las heridas que te han marcado. Pero hoy el Señor te dice: No tienes que esconderte más. Yo estoy aquí. No importa lo que hayas hecho, no importa lo que hayas vivido, Yo estoy aquí. Y en Mi presencia, no solo encuentras consuelo, sino también sanidad.

David continuó: *"Si tomo las alas del alba, y habito en el extremo del mar, aún allí me guiará tu mano, y me asirá tu diestra" (Salmo 139:9-10)*. ¿Alguna vez has sentido que todo está perdido y que ya no hay camino de regreso? Tal vez has caminado por senderos oscuros, sumido en el desánimo y la desesperación. Pero, incluso allí, en ese lugar donde te sientes más distante, la mano de Dios te guía, Su diestra te sostiene. Él no te deja ir, no te abandona. Su presencia es tan grande que no importa cuán lejos llegues, siempre habrá una luz que te guiará de vuelta. Y esa luz, esa guía, es Su amor restaurador, capaz de sanar las heridas más profundas, de restaurar lo que parecía irremediable.

David siguió proclamando: *"Ciertamente, las tinieblas me encubren, y la noche será mi luz en torno a mí, aun las tinieblas no encubren de ti, y la noche resplandece como el día; las tinieblas y la luz son iguales para ti" (Salmo 139:11-12)*. Es en la oscuridad de la noche donde los miedos surgen, donde las inseguridades se multiplican y donde las dudas nublan nuestra vista. Pero el salmista declara una verdad poderosa: para Dios, las tinieblas y la luz son lo mismo. No hay oscuridad que Su luz no pueda atravesar. Quizás has estado caminando en la oscuridad de tu dolor, de tus traiciones, de tus miedos. Pero hoy, el Señor te está diciendo: Mi luz resplandece en tus tinieblas. Mi presencia disipa la oscuridad en tu vida.

No tienes que temer la noche, porque Su luz en ti ilumina cada rincón, cada parte de ti que ha estado oscura.

Hoy, Dios está tocando tu vida con poder sobrenatural. Él te invita a salir de la oscuridad del pasado, de las cadenas de la falta de perdón, de las heridas que te han mantenido cautivo. Él no solo te busca para sanarte, sino para restaurarte por completo, para que tu vida sea un reflejo de Su gloria y poder. Porque donde Él está, no hay lugar para la oscuridad. Donde Él entra, la restauración se desata.

Así como David comprendió que no había lugar en el que pudiera huir de la presencia de Dios, tú tampoco puedes escapar de Su amor infinito. Dios está aquí, Él te está mirando, y con Su mano poderosa, Él quiere tomarte, sanar tus heridas, romper las cadenas que te han atado y restaurar tu vida a la perfección del propósito para el cual fuiste creado. Hoy es el día de tu restauración. Hoy es el día en que tu historia cambia, porque la luz de Dios ha llegado a ti.

El Creador del universo, el que formó los cielos y la tierra, el que te creó en lo más profundo del vientre de tu madre, te está diciendo: Hijo, no tienes que cargar más con el peso de lo que has vivido. Yo vengo a hacer nuevas todas las cosas. Vengo a restaurarte completamente.

Hoy, te invito a abrir tu corazón y permitir que Su luz te toque. No importa cuán grande sea la oscuridad en la que has estado, Él está aquí para hacerla desaparecer con Su presencia. Hoy, la restauración sobrenatural de Dios está disponible para ti. Él no solo te perdona, Él te restaura. No solo sana tus heridas, Él te transforma. Él te vio antes de que nacieras. Te vio cuando pensaste que no había esperanza. Te vio en tus momentos más oscuros, y Su amor nunca te abandonó. Ahora, Él te está llamando a vivir la vida para la que fuiste creado. Una vida llena de propósito, sanidad y restauración en Su nombre.

En este momento y con esta verdad ardiendo en tu corazón, te invito a decir sí a la restauración de Dios, a permitir que Su luz brille sobre ti, y a caminar hacia el futuro que Él ha preparado para ti. Uno lleno de paz, esperanza y vida eterna. Dios ha hecho lo imposible posible. Y tú, ahora, eres un testimonio viviente de Su poder restaurador.

**Espacio para abrir tu corazón y ser tocada en lo más profundo**

Dentro de cada uno de nosotros hay un lugar donde las palabras no alcanzan, donde se guardan lágrimas, secretos, miedos y anhelos que ni siquiera nosotros comprendemos del todo: nuestras entrañas. Es ahí donde Dios quiere entrar hoy, para revelarte tu valor, sanar tu pasado y llenarte de su luz. No se trata solo de entender tus heridas, sino de permitir que Él las transforme desde la raíz, de dejar que Su Espíritu recorra cada rincón de tu ser y te haga renacer.

Cierra los ojos, respira profundamente y ora: Señor, entra en lo más profundo de mi ser, toca mis entrañas y sana lo que mi alma aún guarda.

**Preguntas para reflexionar:**

1. ¿Qué emociones profundas o recuerdos aún permanecen ocultos en tu interior?

_____
_____
_____
_____

2. ¿Qué heridas internas te impiden confiar plenamente en Dios y en ti mismo?

_____
_____
_____
_____

3. ¿Dónde sientes vacío, miedo o dolor en lo más íntimo de tu ser, y cómo deseas que Dios intervenga allí?

_____
_____
_____
_____

4. ¿Qué secretos de tu corazón necesitan ser entregados para que la libertad y la sanidad entren en tu vida?

_____
_____
_____
_____

5. Escribe una afirmación desde lo profundo de tu alma, declarando la transformación que deseas. Por ejemplo: "Señor, mis entrañas son tuyas. Llénalas de tu amor, sanidad y luz".

_____
_____
_____
_____

**Notas del alma:** Escribe lo que el Espíritu Santo te revele: emociones, promesas, verdades, liberación o palabras para tu corazón.

_____
_____

## Oración final

Dios mío, te entrego lo más profundo de mi ser, lo que no puedo expresar con palabras. Sana mis entrañas, libera mis emociones atrapadas, renueva mi espíritu y transforma mi interior. Quiero que cada herida se convierta en fuerza, cada temor en confianza y cada vacío en Tu plenitud. Haz de mí un testimonio de Tu amor que llegue hasta lo más profundo. Amén.

## Versículo para meditar

*"Yo, Jehová, escudriño el corazón, pruebo los pensamientos, para dar a cada uno según su camino, según el fruto de sus obras" Jeremías 17:10.*

## Capítulo 13
## De la oscuridad a la luz: Mi historia en Sus manos

Desde que mis recuerdos empezaron a tomar forma, mi hogar era un campo de batalla silencioso. Las paredes estaban llenas de ecos, de gritos y el aire siempre parecía pesado, cargado de algo que no se podía nombrar, pero que se sentía profundamente, ahora lo puedo denominar miedo. Dicho sentimiento era la constante. Nadie hablaba de amor, de paz o de esperanza. El ambiente estaba impregnado de desesperación. Mi hogar no era un refugio, sino un lugar donde el dolor se asentaba como un visitante eterno.

Desde pequeña, creí que no era deseada, que mi existencia era un peso. Nadie me lo decía, pero lo sentía en cada mirada, en cada silencio. No había abrazos, solo indiferencia. Aprendí a vivir bajo esa sombra, a esconder mi dolor tras una máscara de fortaleza. Me volví extrovertida, rebelde. Hice todo lo posible para llamar la atención, aunque fuese con actitudes que a nadie sorprendían. Nadie veía más allá de lo que mostraba. Mi alma, herida y rota, estaba sumida en una oscuridad que no entendía. La vida me parecía demasiado pesada. El sentido de mi existencia se esfumó, como si no tuviera un propósito claro. Con el paso de los años, esa sensación se hizo más fuerte. Cuando cumplí más edad ya no buscaba respuestas y a mis quince años decidí que mi lucha por lo que no entendía había terminado.

Llegó un día donde algo dentro de mí se quebró definitivamente. Tomé una decisión fatal, pero lo que no sabía era que en ese momento no solo me enfrentaba a mis propios pensamientos, sino a una batalla espiritual que el enemigo de mi alma había planeado para destruirme. En ese abismo de desesperación, sentí que todo mi ser se rendía. Sin embargo, algo extraño ocurrió: alguien intervino, aunque no lo entendiera en ese instante. Horas después desperté en la sala de un hospital con un sentimiento de frustración y enojo. ¿Por qué no me dejaron ir? No entendía que no eran mis planes los que habían sido frustrados, sino los planes de oscuridad que querían apoderarse de mi vida. Dios no me iba a dejar ir, aunque yo quisiera.

El alma que había decidido escapar, Él la retuvo. Nadie entendió lo que viví. Nadie vio la lucha interna o la guerra que libraba en mi mente y corazón. Pero algo se movió en mi espíritu esa noche. Aunque mi mente no lo comprendiera, el amor de Dios comenzó a susurrar en las sombras de mi alma llamándome hacia Su luz admirable, aunque esto lo entendí muchos años después. Recuerdo como cada noche el miedo me invadía, como si una sombra invisible estuviera siempre al acecho, esperando devorarme. No era solo el temor a lo que podía suceder en el mundo exterior, sino el miedo profundo a lo que yo misma podía llegar a ser. No entendía el propósito de mi vida, y con cada día que pasaba, más crecía la sensación de que estaba atrapada en un ciclo del que no podría salir.

En las horas más oscuras, cuando la soledad se sentía más real que nunca, mi alma lloraba en silencio. A veces, pensaba que si me desvanecía mi dolor se iría con mi partida. Pero algo en mi interior, algo que no podía describir, me mantenía aferrada a la vida. Aunque intentaba ignorarlo era como si una fuerza invisible estuviera luchando por mí, una fuerza que no entendía, pero que sabía que me sostenía, aun cuando yo no lo deseaba.

La desesperación me llevó a lugares oscuros buscando llenar un vacío que parecía interminable. Decisiones equivocadas, caminos que solo me alejaban más de la paz que tanto anhelaba. Pero incluso en medio de mi rebeldía, algo dentro de mí seguía buscando. La bondad de Dios sin duda alguna me estaba persiguiendo. No fue en una iglesia ni en un momento de oración. Fue en el profundo abismo de mi desesperación donde Su luz comenzó a filtrarse lentamente. El amor de Dios no necesitaba que yo lo buscara; Él ya me había encontrado antes de que pudiera darme cuenta. Él me vio en mis peores momentos, cuando mi alma estaba quebrantada, cuando mis pensamientos eran oscuros y llenos de dolor. Y en ese lugar, Dios no me rechazó, al contrario, me abrazó con un amor que no entendía y que no podía ni imaginar. De alguna manera, mi vida estaba entrelazada con un propósito mucho mayor que mi sufrimiento. Aunque no lo entendiera entonces, todo lo que había vivido tenía un significado más grande: era la obra de un Dios que nunca había dejado de amarme.

Mi vida, como la tuya, estuvo marcada por sombras y cicatrices invisibles. Caminé entre las paredes de la desesperanza, sentí cómo cada día se deslizaba entre mis manos como agua, sin propósito, sin rumbo. El dolor que cargaba no era solo físico, sino un dolor profundo que me encarcelaba más que cualquier reja o pared de cemento. El peso de mi alma estaba tan cargado y tan roto, que ni siquiera podía verme a mí misma como algo digno de ser amado, no obstante, en esa oscuridad, algo en lo más profundo de mi ser empezó a latir, a recordar. Y fue ahí, en mi quebranto, que descubrí que no estaba sola. En la soledad más profunda, el amor de Dios me encontró, me vio y me susurró al oído: "Tú no eres tu pasado, tú no eres tus errores, yo te hice, te elegí, y te amo tal como eres". Ese amor me liberó de prisiones que ni las cadenas físicas podían contener.

Antes de que el tiempo existiera, antes de que el primer amanecer iluminara la creación, Él ya era. No hay altura que pueda medir Su grandeza, ni profundidad que pueda abarcar Su presencia. Los cielos intentan sostener Su gloria, pero son demasiado pequeños. La tierra trata de contener Su esencia, pero es incapaz de hacerlo. Ni el universo infinito puede encerrar a Aquel que no tiene límites. Dios es más vasto que las galaxias, más fuerte que la tormenta más feroz, más brillante que millones de estrellas juntas. No hay trono en la tierra digno de Él, ni palacio que pueda albergar Su esplendor. Su voz hace temblar las montañas y humean cuando Él las toca, Su aliento despierta la vida, y Su presencia es un fuego eterno que nunca se apaga.

No hay refugio más seguro que la presencia de Dios. Aprendí que no se trata solo de buscarlo en momentos de desesperación, sino de aprender a vivir con Él en lo cotidiano, en los silencios, en los instantes que parecen insignificantes, pero que en realidad sostienen nuestra vida. Su presencia calma el corazón agitado, fortalece el espíritu cansado y nos recuerda que nunca estamos solos. Incluso cuando todo a nuestro alrededor parece caótico, Él es un abrigo que nos protege de las tormentas de la vida, una luz que atraviesa la oscuridad y nos guía hacia un lugar de paz.

Cuando lo buscamos, aunque sea con pasos pequeños, sentimos que cada miedo pierde fuerza. Cada carga que creemos que debemos sostener se vuelve más ligera porque Él la comparte con nosotros. Su cercanía no es invasiva; es amorosa, paciente y constante. Aprendí que habitar en Su presencia es más que sentir bienestar: es vivir en la seguridad de que cada lágrima, cada suspiro, cada silencio, es visto, conocido y amado. Allí, en ese encuentro silencioso pero profundo, el alma encuentra descanso y las heridas comienzan a sanar. Porque vivir con Dios cerca no significa ausencia de problemas, sino la certeza de que no caminamos solas. Él nos sostiene, nos acompaña y nos abraza, incluso cuando no podemos verlo. Y en ese abrazo, encontramos la fortaleza para continuar, el coraje para levantarnos y la paz que el mundo no puede dar.

¿Cómo encerrar al Infinito en lo finito? ¿Cómo aprisionar la libertad misma? No hay cadenas que puedan sujetarlo, ni tan siquiera la muerte pudo retenerlo. No hay barreras que lo puedan detener, Él es y será por siempre el que llena todo en todo. Sin embargo, en Su inmensidad, se acerca a los que creen. En Su majestad, se inclina para abrazar a los pequeños. En Su eternidad, toca los corazones humanos y les da vida nueva. No es un Dios distante, sino el que camina entre Su pueblo, el que rompe los yugos y hace libres a los cautivos. Esa es la libertad que tengo en Cristo. No es una libertad frágil ni temporal, sino una que fluye desde la eternidad. No depende de muros ni de fronteras, porque proviene de Aquel que no puede ser limitado. En Él, mi alma danza sin miedo, mi espíritu se expande sin restricciones y mi corazón encuentra su más alto propósito. No hay celda que pueda retenerme, no hay atadura que me sujete, porque estoy escondida en Aquel que no puede ser confinado. Soy libre, porque mi vida ahora está dentro del Incontenible, del Eterno, del Rey que no puede ser encerrado ni detenido.

Hoy, quiero compartirte esta verdad: la libertad no comienza en el cuerpo, comienza en el alma. Aunque estés tras las rejas de la injusticia, o de tu propia condena interna, no permitas que el enemigo te convenza de que eres menos que un hijo amado de Dios. La verdadera libertad comienza en el corazón cuando aceptas que Dios te ha creado con un propósito eterno, que no importa lo que hayas vivido, Él tiene el poder de restaurar todo lo que creías perdido. El amor de Dios no te condena, te abraza. No te señala, te restaura. No te abandona, te levanta. Y cuando sientes que ya no puedes más, es cuando Él dice: "Aquí estoy. Te he estado esperando". Es tiempo de soltar el dolor, de liberarte de las prisiones invisibles que te atan, y de caminar hacia una libertad que va más allá de cualquier lugar físico. Porque, créeme, cuando el alma es tocada por el amor inmenso de Dios, ninguna reja puede aprisionar el espíritu.

Este es el propósito de mi vida: compartir contigo que, aunque te encuentres en las tinieblas, el amor de Dios es la luz que te guía a tu libertad. La prisión que sientes hoy en tu alma puede ser transformada por la verdad de Su gracia y el poder de Su restauración. Cuando experimentes ese toque, verás que lo que antes era oscuridad, ahora se convierte en tu testimonio de liberación, de esperanza y de vida nueva. En Cristo, todas las cadenas caen y el alma es libre. Si ni los cielos ni la tierra pueden contenerlo, entonces ¿qué puede contener Su amor por ti? Si Su voz hizo temblar el universo y Sus manos trazaron los límites del mar, entonces, ¿qué puede encerrar la libertad que te ha dado? ¡Nada! El que venció la muerte no puede ser detenido, el que rasgó el velo no puede ser encerrado y el que abrió los mares sigue abriendo caminos.

Las cadenas caen, los muros colapsan, las prisiones del alma se desploman ante Su majestad. En Cristo, lo imposible se dobla ante lo eterno. Esa eternidad ahora vive en mí y quiere habitar en ti. No hay más miedo. No hay más culpa. No hay más sombras. Soy libre. Libre en el Dios, que no puede ser limitado. Libre en el Rey que no puede ser vencido. Libre en el amor que nunca se agota. ¡Qué el mundo lo sepa! ¡Qué el alma lo grite! Porque en Él la libertad no es un concepto, es una realidad inquebrantable. Esa libertad, ya nadie me la puede arrebatar.

A ti que lees estas palabras. ¿Seguirás caminando con las cadenas que Él ya rompió? ¿Seguirás creyendo en los muros que Él ya derribó? ¿Te atreverás a dar un paso fuera de la prisión que ya no existe? Cristo ha hablado, las puertas están abiertas. Corre hacia la libertad que siempre fue tuya, hacia el amor que nunca dejó de esperarte, hacia los brazos del Dios incontenible, el único que puede hacerte verdaderamente libre. ¡Corre!

**Espacio para dejar que Dios transforme tu historia y te lleve a Su luz**

Hoy llegas al final de este viaje, y sin embargo, es solo el principio de lo que Dios tiene preparado. Todas tus heridas, tus temores, tus decisiones equivocadas, tus vacíos y tus lágrimas, todo ha sido cuidado, observado y amado por Él desde antes de tu nacimiento. En medio de la oscuridad, Dios no te abandonó. En medio de tus errores y tus dudas, Él ya estaba trazando un camino de luz para ti.

Hoy puedes dejar que esa luz inunde tu historia, transformando cada capítulo de dolor en testimonio, cada sombra en claridad y cada cicatriz en señal de su amor eterno.

Cierra los ojos, respira profundamente y ora: Señor, tomo mi historia y la pongo en Tus manos. Haz de ella un relato de Tu amor, Tu gracia y Tu poder.

**Preguntas para reflexionar:**

1. Al mirar tu vida desde la perspectiva de Dios, ¿qué partes de tu historia puedes entregar ahora con confianza?

_____
_____
_____
_____

2. ¿Cómo has visto la luz de Dios irrumpir en los momentos de oscuridad?

_____
_____
_____
_____

3. ¿Qué transformación quieres que Dios complete en tu alma a partir de hoy?

_____
_____
_____
_____

4. ¿Qué promesas de Dios deseas abrazar para tu futuro, sabiendo que Él ya conoce tu camino?

_____
_____
_____
_____

5. Escribe una afirmación poderosa que declare tu nueva identidad en Dios. Por ejemplo: "De la oscuridad a Su luz, mi vida es Su obra maestra; Su amor me guía y me transforma".

_____
_____
_____
_____

**Notas del alma:** Escribe lo que el Espíritu Santo te muestre: palabras de gratitud, liberación, visión para el futuro, promesas o adoración.

_____
_____
_____
_____
_____
_____
_____

### Oración final

Padre eterno, gracias porque me tomaste desde el vientre, me formaste con propósito y me condujiste a la luz. Gracias porque cada dolor, cada lágrima y cada desvío fueron parte de Tu plan perfecto. Hoy pongo toda mi historia en tus manos, confiando que nada se pierde contigo y que cada experiencia se transformará en gloria. Que Tu luz brille en mi corazón y se refleje en cada paso que dé, para que Tu nombre sea exaltado y mi vida sea testimonio de Tu amor infinito. Amén.

## Versículos para meditar

*"¿A dónde huiré de tu presencia? Si subo a los cielos, allí estás tú; si en el Seol hiciere mi estrado, he aquí, allí tú estás"* Salmo 139:7-8.

*"Porque tú formaste mis entrañas; tú me hiciste en el vientre de mi madre. Te alabaré; porque formidables, maravillosas son tus obras; estoy maravillada, y mi alma lo sabe muy bien"* Salmo 139:13-14.

# *Epílogo*

Este libro no es solo mi historia. Es un llamado directo a tu corazón. Un recordatorio de que no eres un accidente, de que tus heridas no definen tu valor y de que tu pasado no tiene la última palabra sobre tu vida.

Antes de que tu primer aliento llenara el mundo de sonidos, Dios ya te había visto. Te formó con propósito, te amó con un plan que ni siquiera las tinieblas pudieron cambiar. Cada lágrima que has derramado, cada noche de soledad y cada miedo que te paralizó, Él lo conoce, lo sostiene y lo transforma.

Cuando leas estas líneas, permite que algo invisible suceda: que Su Espíritu toque tu interior y que susurre al oído de tu alma que eres más que tu dolor. Que sientas, sin necesidad de palabras, que la presencia que te observa desde antes de nacer sigue contigo, acompañándote, moldeándote y restaurándote. Tu historia puede ser diferente. Tu corazón puede sanar. Tu vida puede desplegar el destino que Él soñó para ti, aunque nadie más lo vea. Aunque el mundo te haya olvidado, Dios no lo ha hecho. Aunque tus planes hayan sido frustrados, Su propósito jamás fallará.

Este no es un cierre común. Este es un portal: un umbral hacia lo imposible hecho realidad en tu vida. Un recordatorio de que lo sobrenatural se hace tangible cuando permitimos que Dios actúe. Cada latido de Su corazón late por ti. Cada respiración Suya es un mensaje de amor eterno. Cada susurro invisible de Su Espíritu grita: "Tú eres mío. Nunca te soltaré. Tu historia aún no termina". Abre tu corazón, entrégaselo a Él, camina hacia la restauración y permite que lo que parecía roto se convierta en obra de arte. Que tu vida sea un testimonio vivo de Su poder, de Su gracia y de Su amor que trasciende todo entendimiento.

Este es tu proyecto de vida. Más allá de las palabras, más allá de la oscuridad: la luz de Dios te ha encontrado, y Su propósito contigo no tiene fin.

Made in the USA
Coppell, TX
11 February 2026

71761653R00085